바가바드 기타

Bhagavadgītā

바가바드기타

브야사 지음 / 김정림 편역

Bhagavadgītā

여래

| 서문 |

현장에서 여러 사람들에게 요가수행을 지도하며, 함께 수행해 온 지 어언 35년이 되었습니다. 요가를 수행함에 있어서 앎과 실천을 함께 행할 때, 언제나 지혜로 인도해 주는 위대한 등불이 있었으니 바로 『바가바드기타』였습니다. 심신의 평안을 갈망하는 이들에게 항상 일관성 있는 교육을 펼치는 데에는 바로 이 『바가바드기타』가 밑바탕에 자리하였습니다. 멋진 삶의 구현을 위한 확고한 등불을 따라갈 수 있게 하는 용기에 자긍심이 있게 되며, 부족한 나를 위로해주는 어떤 힘에 깊히 감동하곤 합니다.

오래전, 『바가바드기타』를 마주 대할 때 제 자신의 내면을 섬세히 바라볼 수 있기에 고요히 머무는 시간마다 『바가바드기타』를 읽다보니 크리슈나의 말씀은 곧 저의 삶을 멋지게 정립해주는 위대한 빛이 되었습니다. 곧 나의 마음과 행위함의 확실한 안내자로 자리매김하였습니다.

여러분과 함께 '거룩한 자의 노래'를 부르고자 하는 소박한 마음에, 부족하지만 『바가바드기타』의 진정한 빛이 손상되지 않기 위해서 정성을 다하여 편역하여 내놓습니다. 이 책이 여러분 바로 곁에 함께 하기를 바라면서…

인간은 감각기관이 외부의 어느 대상을 만나면 마음이 작용하고, 곧바로 그에 따른 행위를 하게 되어 있습니다. 마음작용과 행위함은 개인의 기질이나 욕망에 따라 다르지요. 특히 지혜를 얻지 못한 사람은 모든 행위와 결과에 대한 간절한 욕망이 있기 마련이지요. 진정한 자아를 모른 채, 모든 것을 자신이 한다고 알고 있음은 아직 지혜를 얻지 못했기에 그렇습니다.

크리슈나는 아르쥬나에게 이렇게 말합니다.
감각기관을 제어하지 못한 사람은 지혜가 없으며,
감각기관을 제어하지 못한 사람은 명상수행을 하지 못한다,
수행이 없는 사람에게는 평안이 없고.

평안이 없는 자에게 어찌 행복이 있을 수 있겠는가?

지혜를 얻는 것을 최고의 목표로 삼는 사람은
믿음을 갖고 전념하여 감각기관을 제어하며
머지않아 지혜를 얻는다.
지혜를 얻고 나면, 곧 지고의 평안에 이른다.

행위의 요가로 제어된 자는
행위의 결과에 대한 집착을 포기하고 영원한 평화를 얻는다.
하지만 제어되지 않은 사람은 욕망을 추구하는 까닭에
결과에 집착함으로써 자신의 행동에 얽매인다.

현자들은 욕망에 따른 행위를 하지 않는 것을
포기('산야사sannyāsa')라 하며,
지혜로운 사람들은 모든 행위의 결과를 바라지 않는 것을
단념('티야가 tyāga')이라고 한다.
모든 욕망을 버리고, 결과에 대한 집착이 없이 행위하며,

'나'와 '나의 것'에 대한 생각을 넘어선 사람은
지고의 평안에 이른다.

– 본문에서 –

2024년 8월
『바가바드기타』를 편역합니다.

| 차 례 |

제1장

아르주나의 번민
arjunaviṣāda yoga

드리타라슈트라 왕은 맹인이다.
그의 마부인 산자야가 그에게
크리슈나와 아르주나의 대화 내용을
기억해서 들려주고 있다.

dhṛtarāṣṭra uvāca

1...

dharmakṣetre kurukṣetre
samavetā yuyutsavaḥ ।
māmakāḥ pāṇḍavāś caiva
kim akurvata saṁjaya ॥

saṁjaya uvāca

2...

dṛṣṭvā tu pāṇḍavānīkaṁ
vyūḍhaṁ duryodhanas tadā ।
ācāryam upasaṁgamya
rājā vacanam abravīt ॥

드리타라슈트라[1]가 말했다.

1...

산자야여, 저 정의의 들판,
쿠루 들판[2]에 내 자식들과 판두[3]의 아들들이
서로 싸우려고 모였다는데
어떻게 하고 있느냐?

산자야가 말했다.

2...

그 때 두료다나 왕[4]이
판두의 아들들이 전열을 정비하는 모습을 보고
그의 스승[드로나[5]]에게 가까이 다가가
이렇게 말했습니다.

---

1 드리타라슈트라는 전의 왕으로 맹인이다. 그의 마부가 산자야saṃjaya이며, 드리타라슈트라 왕께 크리슈나와 아르주나의 대화 내용을 기억해서 들려주고 있다.
2 쿠루 들판은 지금의 델리 북쪽에 있는 들판을 일컫는다.
3 판두는 아르주나의 아버지이며, 드리타라슈트라 왕의 동생인데, 이미 사망했다.
4 두료다나는 드리타라슈트라의 아들로, 현재의 왕인데, 정의롭지 않게 아르주나의 왕국을 강탈했다.
5 드로나는 쿠루 왕가의 전술 스승으로서 두료다나뿐만 아니라 아르주나의 스승이기도 하다.

3...

paśyaitāṁ pāṇḍuputrāṇām
ācārya mahatīṁ camūm ।
vyūḍhāṁ drupadaputreṇa
tava śiṣyeṇa dhīmatā ॥

4...

atra śūrā maheṣvāsā
bhīmārjunasamā yudhi ।
yuyudhāno virāṭaś ca
drupadaś ca mahārathaḥ ॥

5...

dhṛṣṭaketuś cekitānaḥ
kāśirājaś ca vīryavān ।
purujit kuntibhojaś ca
śaibyaś ca narapuṁgavaḥ ॥

3... (3-11: 두료다나가 말했다)
선생님, 판두 아들들의
저 막강한 군대를 보십시오.
선생님의 명석한 제자 드루파다[6]의 아들이
지휘하고 있습니다.

4...
저 군대에는, 비마[7]나 아르주나에 견줄 수 있는
뛰어난 궁수들과 영웅들이 있습니다.
유유다나와 비라타, 그리고
위대한 전차꾼인 드루파다가 있습니다.

5...
드리슈타케투, 체키타나,
그리고 카시족의 용맹스러운 왕,
푸르지트, 쿤티보자,
황소 같은 최고의 인간 샤이바,

6 드루파다는 아르주나의 장인이며, 드루파다의 아들이 판두 군대의 총 사령관이다.
7 비마bhīmā는 아르주나의 둘째 형으로, 판두 군대에서 가장 용맹스러운 전사이다.

6...

yudhāmanyuś ca vikrānta
uttamaujāś ca vīryavān ।
saubhadro draupadeyāś ca
sarva eva mahārathāḥ ॥

7...

asmākaṁ tu viśiṣṭā ye
tān nibodha dvijottama ।
nāyakā mama sainyasya
saṁjñārthaṁ tān bravīmi te ॥

8...

bhavān bhīṣmaś ca karṇaś ca
kṛpaś ca samitiṁjayaḥ ।
aśvatthāmā vikarṇaś ca
saumadattistathaiva ca ॥

9...

anye ca bahavaḥ śūrā
madarthe tyaktajīvitāḥ ।
nānāśastrapraharaṇāḥ
sarve yuddhaviśāradāḥ ॥

6...

힘센 유다마뉴, 용맹스런 우타마우자스,
수바드라의 아들, 드라우파디의 아들들,
이 모두가
막강한 전차꾼들이 있습니다.

7...

[드로나] 선생님, 또한 들어보십시오.
그 반면 저의 군대의 출중한 자들에 대해서도
알아 주십시오.
주요 지휘관들의 이름을 말씀드리겠습니다.

8...

선생님을 비롯하여 비슈마,[8] 카르나,
그리고 싸웠다하면 늘 승리하는 크리파,
[선생님의 아들] 아슈바타마, 비카르나,
또한 소마다타의 아들,

9...

그 밖에 저를 위하여
목숨을 내놓은 많은 영웅들이
다양한 무기들로 무장을 하고 있습니다.
그들 모두 전투에 능한 자들입니다.

8 비슈마는 드리타라슈트라와 판두를 키운 큰아버지, 곧 아르주나의 큰할아버지이며 존경받는 전사이다.

10...

aparyāptaṁ tad asmākaṁ
balaṁ bhīṣmābhirakṣitam ।
paryāptaṁ tv idam eteṣāṁ
balaṁ bhīmābhirakṣitam ॥

11...

ayaneṣu ca sarveṣu
yathābhāgam avasthitāḥ ।
bhīṣmam evābhirakṣantu
bhavantaḥ sarva eva hi ॥

12...

tasya saṁjanayan harṣaṁ
kuruvṛddhaḥ pitāmahaḥ ।
siṁhanādaṁ vinadyoccaiḥ
śaṅkhaṁ dadhmau pratāpavān ॥

13...

tataḥ śaṅkhāś ca bheryaś ca
paṇavānakagomukhāḥ ।
sahasaivābhyahanyanta
sa śabdastumulo 'bhavat ॥

10...
비슈마가 이끄는
우리 군대는 [전력이] 충분치 않지만,
비마가 이끄는
저들의 군대는 [그 전력이] 충분합니다.

11...
그러므로 저들 모두가
각자의 위치에서 자기의 직분을 지키며
오직 비슈마의 명령을 따르기만 하면 결국 승리는 우리 것입니다.

12...
두료다나의 말이 끝나자
두료다나의 힘을 북돋아 주려고
쿠루족의 노장 비슈마가 사자후를 발하며
자신의 소라나팔을 불었습니다.

13...
그러자 뒤를 이어
소라나팔과 작은 북, 심벌즈, 큰 북과 나팔소리가
일제히 터져 나왔습니다.
그 소리는 무서울 정도로 대단했습니다.

14...

tataḥ śvetair hayair yukte
mahati syandane sthitau ।
mādhavaḥ pāṇḍavaś caiva
divyau śaṅkhau pradadhmatuḥ ॥

15...

pāñcajanyaṁ hṛṣīkeśo
devadattaṁ dhanañjayaḥ ।
pauṇḍraṁ dadhmau mahāśaṅkhaṁ
bhīmakarmā vṛkodaraḥ ॥

16...

anantavijayaṁ rājā
kuntīputro yudhiṣṭhiraḥ ।
nakulaḥ sahadevaś ca
sughoṣamaṇipuṣpakau ॥

14...

그러자 이번에는
크리슈나와 아르주나[9] 역시
백마가 이끄는 거대한 전차 위에 서서
천상의 소라나팔을 불었습니다.

15...

크리슈나는 판차야냐를 불고,
아르주나는 데바다타를 불었습니다.
늑대처럼 활동적이고 무시무시한 비마는
거대한 나팔 파운드라를 불었습니다.[10]

16...

쿤티[11]의 아들 유디스티라 왕은
아난타비자야를 불었고,
나쿨라와 사하데비는
수고샤와 마니푸슈파카를 불었습니다.

---

9 크리슈나가 속한 부족은 마두mādhu를 조상으로 한다. 아르주나가 속한 부족은 판두pāṇḍu를 조상으로 한다.

10 원전에는, 감각기관의 지배자(크리슈나), 부를 정복한 자(아르주나), 늑대의 배를 지닌 활동적인 자(비마)라고 언급하고 있다.

11 쿤티kuntī는 판두 형제들, 다섯 아들의 어머니이다. 쿤티의 첫째 아들인 유디스티라는 지혜롭고 덕망이 있는 왕이다. 비마는 둘째 아들이고, 아르주나는 셋째 아들이며, 나쿨라는 넷째 아들이고, 사하데비는 다섯 번째 아들이다.

17...

kāśyaś ca parameṣvāsaḥ
śikhaṇḍī ca mahārathaḥ ।
dhṛṣṭadyumno virāṭaś ca
sātyakiś cāparājitaḥ ॥

18...

drupado draupadeyāś ca
sarvaśaḥ pṛthivīpate ।
saubhadraś ca mahābāhuḥ
śaṅkhān dadhmuḥ pṛthak pṛthak ॥

19...

sa ghoṣo dhārtarāṣṭrāṇāṁ
hṛdayāni vyadārayat ।
nabhaś ca pṛthivīṁ cāiva
tumulo vyanunādayan ॥

17...
최고의 궁수인 카시족의 왕,
위대한 전사 시칸딘,
굴복한 적이 없는
드리슈타듐나, 비라타, 이길 자 없는 사티야키,

18...
드루파다와 드라우파디의 아들들,
그리고 거대한 팔을 지닌 수바드라의 아들,
그들 모두 각각
자신의 나팔을 불었습니다. 왕이시여!

19...
그들이 부는 나팔소리는
당신[12] 아들들의 간담을
서늘하게 하며(두료다나 병사들),
사방천지를 진동시키며 울려 퍼졌습니다.

12 드리타라슈트라를 지칭하는 말이다.

20...
atha vyavasthitān dṛṣṭvā
dhārtarāṣṭrān kapidhvajaḥ ।
pravṛtte śastrasaṁpāte
dhanur udyamya pāṇḍavaḥ ॥

21...
hṛṣīkeśaṁ tadā vākyam
idam āha mahīpate ।
senayor ubhayor madhye
rathaṁ sthāpaya me 'cyuta ॥

22...
yāvad etān nirīkṣe 'haṁ
yoddhukāmān avasthitān ।
kair mayā saha yoddhavyam
asmin raṇasamudyame ॥

23...
yotsyamānān avekṣe 'haṁ
ya ete 'tra samāgatāḥ ।
dhārtarāṣṭrasya durbuddher
yuddhe priyacikīrṣavaḥ ॥

20...

그러자 정렬해 있는 드리타라슈트라의 아들들을 보고
당신[13] 아들들의 공격이 시작되었을 때,
원숭이 신[14]이 그려진 깃발을 앞세운 전차 위에 서 있던
아르주나가 적진을 향해 활을 쏘려고 집어 들고…

21...(아르주나가 말했다. 21-23)

그 때, 크리슈나에게 이렇게 말했습니다.
"땅의 주인이시여,
크리슈나여,
나의 전차를 두 군대의 중간에 세워 주십시오.

22...

그리하여 싸우고자 여기에 정렬해 있는 그들을
내 눈으로 볼 수 있도록,
이 싸움터에서 맞서 싸워야만 할 상대가
누구인지 알아야 하겠습니다.

23...

사악한 마음을 지닌
두료다나(=드리타라슈트라의 아들)를 위해
여기에 모여 싸우려고 모여 있는 사람들,
저들을 자세히 보아야겠습니다."

13 드리타라슈트라 왕을 일컫는다.
14 원숭이신 하누만을 일컬으며 하누만은 용맹을 상징한다.

saṁjaya uvāca

24...

evam ukto hṛṣīkeśo
guḍākeśena bhārata ।
senayor ubhayor madhye
sthāpayitvā rathottamam ॥

25...

bhīṣmadroṇapramukhataḥ
sarveṣāṁ ca mahīkṣitām ।
uvāca pārtha paśyaitān
samavetān kurūn iti ॥

26...

tatrāpaśyat sthitān pārthaḥ
pitṝn atha pitāmahān ।
ācāryān mātulān bhrātṝn
putrān pautrān sakhīṁs tathā ॥

27...

śvaśurān suhṛdaś caiva
senayo rubhayor api ।
tān samīkṣya sa kaunteyaḥ
sarvān bandhūn avasthitān ॥

산자야가 말했다. (24-25)

24...

왕이시여!
아르주나가 이렇게 말하자
크리슈나는 그 장엄한 전차를
양쪽 군대 가운데에 세우고,

25...

비슈마와 드로나의 앞에서
그리고 모든 왕들 앞에서 말했습니다.
"아르주나여,
보아라. 저기 쿠루족 사람들이 모여 있다."

26...

그러자 아르주나는 보았습니다.
서로 마주 보고 정렬해 있는 친척 아버지들과 조부들,
스승들, 외삼촌들, 형제들,
아들들과 손자들, 그리고 또 친구들이
서로 대치하여 서 있는 모습을 보았습니다.

27...

그리고 양 군대에 있는
장인들과 친구들도 보았습니다.
쿤티의 아들인 아르주나는
정렬해 있는 이들이 모두 자신의 친족들임을 보고

28...

kṛpayā parayāviṣṭo
viṣīdann idam abravīt ।
dṛṣṭvemaṁ svajanaṁ kṛṣṇa
yuyutsuṁ samupasthitam ॥

29...

sīdanti mama gātrāṇi
mukhaṁ ca pariśuṣyati ।
vepathuś ca śarīre me
romaharṣaś ca jāyate ॥

30...

gāṇḍīvaṁ sraṁsate hastāt
tvak caiva paridahyate ।
na ca śaknomy avasthātuṁ
bhramatīva ca me manaḥ ॥

28...
아르주나는 이렇게 싸우려고
나의 친족들이 포진해 맞서 있는 것을 보고
깊은 연민에 잠겨
슬픈 목소리로 이렇게 말했습니다.

아르주나가 말했다. (29-46)

29....
크리슈나여, 이것을 보니
나의 사지는 맥이 풀리고,
입은 바싹 바싹 마르고,
몸이 떨리고 머리털이 곤두섭니다.

30...
손에 힘이 빠져 [나의 활] 간디바는[15] 미끄러져 떨어지고,
나의 살갗은 화끈거리며 타들어 가는 듯 하며,
[몸은] 더 이상 버티고 서 있을 수 없으며, 마음은 혼란스럽습니다.[16]

---

15 간디바gandiva : 인드라 신이 하늘에서 아르주나에게 선물로 준 활의 이름이다.

16 드디어 아르주나의 정신이 아주 약해지고 흔들리고 있음을 알 수 있다.

31...

nimittāni ca paśyāmi
viparītāni keśava ।
na ca śreyo 'nupaśyāmi
hatvā svajanam āhave ॥

32...

na kāṅkṣe vijayaṁ kṛṣṇa
na ca rājyaṁ sukhāni ca ।
kiṁ no rājyena govinda
kiṁ bhogair jīvitena vā ॥

33...

yeṣām arthe kāṅkṣitaṁ no
rājyaṁ bhogāḥ sukhāni ca ।
ta ime 'vasthitā yuddhe
prāṇāṁs tyaktvā dhanāni ca ॥

34...

ācāryāḥ pitaraḥ putrās
tathaiva ca pitāmahāḥ ।
mātulāḥ śvaśurāḥ pautrāḥ
śyālāḥ saṁbandhinas thatā ॥

31...
크리슈나여,
나는 또 불길한 징조들만 보입니다.
아무리 생각해 봐도 이 전쟁에서 친인척들을
다 죽인 다음에 어떠한 좋은 일도 있을 리 없습니다.

32...
크리슈나여, 저는 이 전쟁에서 승리를 바라지 않습니다
왕국도 필요 없고, 어떠한 쾌락도 필요 없습니다.
우리가 왕국을 얻은들 무엇하며,
쾌락인들,
살아있은들 무슨 소용이 있겠습니까?

33...
우리가 왕국과 쾌락과 즐거움을 구하려 했던 것도
저들을 위해서 인데,
저들이 생명과 재산을 포기하고
이 싸움터에 대치하고 있습니다.

34...
스승과 제자들, 아버지와 아들들,
그리고 할아버지와 손자들, 삼촌과 조카들, 장인들, 처남들,
그 밖의 친척들이 무엇을 위해 목숨 걸고 싸우려고 정렬해
있는 것입니까?

35...
etān na hantum icchāmi
ghnato 'pi madhusūdana ।
api trailokyarājyasya
hetoḥ kiṁ nu mahīkṛte ॥

36...
nihatya dhārtarāṣṭrān naḥ
kā prītiḥ syāj janārdana ।
pāpam evāśrayed asmān
hatvaitān ātatāyinaḥ ॥

37...
tasmānnārhā vayaṁ hantuṁ
dhārtarāṣṭrān svabāndhavān ।
svajanaṁ hi kathaṁ hatvā
sukhinaḥ syāma mādhava ॥

35...

크리슈나여, 저들이 비록 나를 죽인다 할지라도
나는 결코 저들을 죽이지 않겠습니다.
삼계三界[17]의 통치권을 얻을 수 있다 해도 하지 않을진대,
하물며 이 땅의 왕권을 얻고자
친족과 친구들을 죽여야 한다니, 도저히 있을 수 없는 일입니다. 저는 싸우지 않겠습니다.

36...

사촌들을 죽인다고 우리에게
무슨 즐거움이 있겠습니까? 크리슈나여!
그들이 비록 활을 겨눈 무법자들이라 할지라도
우리가 그들을 죽이면
오직 우리에게 씻지 못할 죄만 남을 것입니다.

37...

그러므로 우리는 친족들인
저 사촌들을 죽여서는 안 됩니다.
친인척들을 죽이고서,
우리가 어찌 행복할 수 있겠습니까? 크리슈나여.

17 삼계三界 : 『베다』에서 말하는 천계天界, 지계地界, 기계氣界의 세 세계를 의미하며, 또는 인계, 신계, 반신계, 또는 천계, 지계, 음부陰府이다. 다시 말하면 하늘, 땅, 지하세계를 삼계라는 말로 표현했으며 '온 세상'을 가리킨다.

38...

yady apy ete na paśyanti
lobhopahatacetasaḥ ।
kulakṣayakṛtaṁ doṣaṁ
mitradrohe ca pātakam ॥

39...

kathaṁ na jñeyam asmābhiḥ
pāpād asmān nivartitum ।
kulakṣayakṛtaṁ doṣaṁ
prapaśyadbhir janārdana ॥

40...

kulakṣaye praṇaśyanti
kuladharmāḥ sanātanāḥ ।
dharme naṣṭe kulaṁ kṛtsnam
adharmo 'bhibhavatyuta ॥

41...

adharmābhibhavāt kṛṣṇa
praduṣyanti kulastriyaḥ ।
strīṣu duṣṭāsu vārṣṇeya
jāyate varṇasaṁkaraḥ ॥

38...
비록 저들의 마음이 탐욕에 사로잡혀서
가문을 파괴하는 것이나,
친구들을 해치는 것이
전혀 악이라고 생각하지 않는다 할지라도,

39...
가문을 파괴하는 것이
죄악임을 훤히 알고 있는 우리가
어찌 그와 같은 짓을 할 수 있겠습니까?
크리슈나여,

40...
가문이 파괴되면
예로부터 내려온 가문의 법도들이 무너지게 되고,
그 가문의 법도가 무너지면
온 집안에 무법이 판을 치게 될 것입니다.

41...
크리슈나여, 무법이 횡행하면,
가문의 여인들은 타락하게 되고,
가문의 여인들이 타락하면
사회 신분계급[18]이 큰 혼란에 빠집니다.

18 계급(varṇa)이란 사성四姓계급, 즉 바라문, 크샤트리아, 바이샤, 수드라 등을 말한다. 사성계급(varṇa)제도와 카스트(jāti)제도는 엄밀히 구별된

42...

saṁkaro narakāyaiva
kulaghnānāṁ kulasya ca ।
patanti pitaro hy eṣāṁ
luptapiṇḍodakakriyāḥ ॥

43...

doṣairetaiḥ kulaghnānāṁ
varṇasaṁkarakārakaiḥ ।
utsādyante jātidharmāḥ
kuladharmāś ca śāśvatāḥ ॥

44...

utsannakuladharmāṇāṁ
manuṣyāṇāṁ janārdana ।
narake niyataṁ vāso
bhavatīty anuśuśruma ॥

42...

신분 계급의 혼잡이 일어나면,

가문의 파괴자들과 그 가족 역시 지옥으로 떨어집니다.

왜냐하면 조상의 혼에게 드리는 떡과 물[19]의 제사가 끊겨

그들 조상들도 몰락할 것이며 모두 지옥 같은 삶을 살게

되기 때문입니다.

43...

가문을 파괴한 자들이 저지른 죄로

신분계급이 혼란에 빠져서

출생의 법도와 영원한 가문의 법도는

무너져 버릴 것입니다.

44...

크리슈나여,

가문의 법도가 무너진 집의 사람들은[20]

반드시 지옥 같은 삶을 산다는 말을

오래전부터 익혀왔습니다.

다. 계급은 4가지뿐이지만 카스트는 수천 개가 존재하기도 한다. 같은 계급에서도 출생의 법도는 수없이 달라질 수 있기 때문이다.

19 '떡과 물'은 제사를 말한다. 옛 사람들은 사후에도 그 혼魂이 살아 있기 위해서 먹을 것이 필요하다고 믿었기에 때때로 먹을 것을 바쳤다. 그것이 제사이며, 당시에 일반적으로 지켜졌던 의례이다.

20 법도가 무너진 집의 사람들은 가문의 다르마, 곧 가문의 의무를 수행하지 않는 사람들을 말한다.

45...

aho bata mahatpāpaṁ
kartuṁ vyavasitā vayam ।
yad rājyasukhalobhena
hantuṁ svajanam udyatāḥ ॥

46...

yadi mām apratīkāram
aśastraṁ śastrapāṇayaḥ ।
dhārtarāṣṭrā raṇe hanyus
tan me kṣemataraṁ bhavet ॥

47...

evam uktvārjunaḥ saṁkhye
rathopastha upāviśat ।
visṛjya saśaraṁ cāpaṁ
śokasaṁvignamānasaḥ ॥

45...
아아, 우리가 왕권의 안락에 대한 욕심으로
지금 친인척을 죽이려고 하고 있습니다.
엄청난 죄악을 저지르고자
마음 먹다니……

46...
차라리 손에 무기를 들고 있는 사촌들이
무기도 지니지 않고
저항도 하지 않는 나를 죽인다면,
차라리 그것이 더 행복하겠습니다.

산자야가 말했다.
47...
아르주나는 그렇게 말하고서
전쟁터의 양 진영 한 가운데에서,
그는 슬픔에 휩싸여 활과 화살을 떨군 채
전차 바닥에 털썩 주저 앉았습니다.

제1장 [아르주나의 번민]

제2장

이론의 요가
sāṁkhya yoga

mātrāsparśāstu kaunteya
śītoṣṇasukhaduḥkhadāḥ |
āgamāpāyino'nityās
tāṁs titikṣasva bhārata ‖ 2.14

아르주나여,
감각기관이 외부대상과 접촉하면
뜨거움과 차가움, 즐거움과 괴로움이 일어난다.

이러한 경험들은 영원한 것이 아니라
왔다가 가버리는 무상한 것들이다.
일시적으로 왔다가 가는 것들이니
그것을 참고 견디어라. (2.14)

saṁjaya uvāca

1...

taṁ tathā kṛpayā viṣṭam
aśrupūrṇākulekṣaṇam ।
viṣīdantam idaṁ vākyam
uvāca madhusūdanaḥ ॥

śrī bhagavān uvāca

2...

kutastvā kaśmalam idaṁ
viṣame samupasthitam ।
anāryajuṣṭam asvargyam
akīrtikaram arjuna ॥

3...

klaibyaṁ mā sma gamaḥ pārtha
nai 'tat tvayy upapadyate ।
kṣudraṁ hṛdayadaurbalyaṁ
tyaktvo ttiṣṭha paraṁtapa ॥

산자야가 말했다.

1...

그처럼 연민으로 가득 차고
두 눈에 눈물을 가득 머금은 채,
낙심하고 있는 아르주나에게
크리슈나는 이렇게 말했습니다.

크리슈나가 말했다. (2-3)

2...

(이처럼) 위급한 상황에서,
그런 나약함이 어디서 왔단 말인가.
그대와 같은 아리안[1]에게는 전혀 어울리지 않다.
그렇게 되면 진정한 자유의 길에서 멀어지며,
결국 치욕스러움만 남게 될 것이다.

3...

아르주나여, 나약함에 빠지지 말아라.
이것은 그대에게 어울리지 않다.
나약함을 떨쳐 버리고
용감하게 일어서라.

1 '아리안'은 유럽에서 온 최초의 인도인들이다. 아리안이란 말은 용맹함과 강직함과 고상함, 겸손과 양보함을 강조하는 의미로 쓰인다.

arjuna uvāca

4...

kathaṁ bhīṣmam ahaṁ saṁkhye
droṇaṁ ca madhusūdana ।
iṣubhiḥ pratiyotsyāmi
pūjārhāv arisūdana ॥

5...

gurūn ahatvā hi mahānubhāvān
śreyo bhoktuṁ bhaikṣyam apī 'ha loke ।
hatvā 'rthakāmāṁs tu gurūn ihāi 'va
bhuñjīya bhogān rudhirapradigdhān ॥

6...

na caitadvidmaḥ kataranno garīyo
yadvā jayema yadi vā no jayeyuḥ ।
yāneva hatvā na jijīviṣāmas
te 'vasthitāḥ pramukhe dhārtarāṣṭrāḥ ॥

아르주나가 말했다. (4-8)

4...

크리슈나여!
존경받아 마땅한
비슈마와 드로나 두 어른을 향해
제가 어떻게 화살을 겨눌 수 있겠습니까?

5...

존경해야 할 훌륭한 스승들을 죽이느니
차라리 이 세상에서 빌어먹는 것이 더 낫겠습니다.
비록 스승들이 그들의 욕망이 있다고 하더라도
그들은 저의 스승입니다.
저의 욕심만으로 그들을 죽인다면,
제가 누릴 즐거움은 온통 피에 물든 복락일 뿐일 것입니다.

6...

그리고 우리가 그들을 정복하는 것과
저들이 우리를 정복하는 것 중에
과연 어느 것이 더 값진 일인지 모르겠습니다.
하지만 우리 앞에 대치해 있는 사촌 형제[2]들을 죽인다면
우리도 살고 싶은 마음이 없을 것입니다.

2 드리타라슈트라의 아들들을 가리킨다.

7...

kārpaṇyadoṣopahatasvabhāvaḥ

pṛcchāmi tvāṁ dharmasammūḍhacetāḥ ।

yac chreyaḥ syān niścitaṁ brūhi tan me

śiṣyas te 'haṁ śādhi māṁ tvāṁ prapannam ॥

8...

na hi prapaśyāmi mamā 'panudyād

yac chokam ucchoṣaṇam indriyāṇām ।

avāpya bhūmāv asapatnam ṛddhaṁ

rājyaṁ surāṇām api cādhipatyam ॥

saṁjaya uvāca

9...

evam uktvā hṛṣīkeśaṁ

guḍākeśaḥ parantapa ।

na yotsya iti govindam

uktvā tūṣṇīṁ babhūva ha ॥

7...

제 가슴은 슬픔으로 얼룩져 어찌할 바를 모르겠습니다.
제가 해야 할 의무(dharma)에 대해
어리석은 마음뿐입니다.
그래서 당신께 간절히 묻습니다.
지금 이 상황에서 어떻게 하는 것이 좋은지를 확실히
말씀해 주십시오,
저는 당신의 제자입니다.
당신께 귀의하는 저에게 확실한 가르침을 주십시오.

8...

비록 제가 이 땅에서 최고로 번영하는 왕국을 얻고
심지어 신들에 대한 통치권까지 얻는다 할지라도,
모두 소용없는 일인 것 같습니다.
이 세상에서 모든 권세를 얻는다 할지라도
저의 감각기관들을 말라죽게 하는 저의 이 슬픔을
어떻게 떨쳐버릴 것인지 모르겠습니다.

산자야가 말했다. (9-10)

9...

전사 아르주나는
크리슈나에게 그렇게 말한 뒤,
"크리슈나여, 저는 싸우지 않겠습니다." 라고
말하고는 입을 다물었습니다.

10...

tam uvāca hṛṣīkeśaḥ
prahasann iva bhārata ।
senayor ubhayor madhye
viṣīdantam idaṁ vacaḥ ॥

śrī bhagavān uvāca

11...

aśocyān anvaśocas tvaṁ
prajñāvādāṁś ca bhāṣase ।
gatāsūn agatāsūṁś ca
nānuśocanti paṇḍitāḥ ॥

12...

na tvevāhaṁ jātu nāsaṁ
na tvaṁ neme janādhipāḥ ।
na caiva na bhaviṣyāmaḥ
sarve vayam ataḥ param ॥

10...
양 진영 한가운데서
낙담하고 있는 아르주나를 보고
크리슈나는 미소 지으며
다음과 같이 말했습니다.

크리슈나가 말했다. (11-53)[3]
11...
그대는 슬퍼할 필요가 없는 것들에 대해 슬퍼하는구나.
그러면서 그대는 그럴싸하게 지혜로운 사람처럼 말하고
있다. 지혜로운 사람은
죽은 자를 위해서도 슬퍼하지 않고,
산 자를 위해서도 슬퍼하지 않는다.

12...
내가 존재하지 않았던 적은 결코 없었으며,
그대도, 이 왕들도 마찬가지이다. 항상 존재하고 있다.
앞으로도 우리들 어느 누구도 존재하지 않는 일이 없을
것이다. 당연히 영원히 존재할 것이다.

3 11-53절까지 아르주나의 고뇌에 대한 크리슈나의 철학적 가르침이 시작된다. – 참나는 죽지 않는다.

13...

dehino 'smin yathā dehe
kaumāraṁ yauvanaṁ jarā ।
tathā dehāntaraprāptir
dhīras tatra na muhyati ॥

14...

mātrāsparśās tu kaunteya
śītoṣṇasukhaduḥkhadāḥ ।
āgamāpāyino 'nityās
tāṁs titikṣasva bhārata ॥

13...

육신의 주인이[4] 소년기, 청년기, 노년기를 거쳐 가듯이,
이처럼 [죽어서는] 다른 육신을 얻는다.
그러므로 확고한 신념을 지닌 사람은
이러한 과정에 미혹되지 않는다.[5]

14...

아르주나여, 감각기관[6]이 외부 대상과 접촉하면
뜨거움과 차가움, 즐거움과 괴로움이 일어난다.
이러한 경험들은 영원한 것이 아니라
왔다가 가버리는 무상한 것들이다.
일시적으로 왔다가 가는 것들이니 그것을 참고 견디어라.

4 '몸을 입고 있는 참나(dehin)'란 힌두교의 윤회사상을 잘 나타내는 말이다. 윤회사상은 인간의 불멸하는 자아(ātman) 혹은 정신(puruṣa)이 해탈(mokṣa)을 얻기 전까지는 전생의 업(karma)에 따라 새로운 육신을 취하면서 거듭해서 태어난다는 사상이다.

5 '미혹되는 대상' : 춘하추동으로 옷을 갈아입더라도 '몸'은 변함없는 것이요. 소년기와 청년기, 그리고 노년기로 바뀌더라도 '나'라는 존재는 변함이 없다는 것을 인정하는 사람도 '아트만'에 대한 지혜와 믿음이 없다면 사후死後의 내생에서 다시 새로운 몸을 받을 때 고정 불변하는 아트만에 대해선 그것이 변하지 않는다는 믿음을 갖지 못하고서 변할 것이라 미혹되기 마련이다.

6 감각기관은 눈(眼), 귀(耳), 코(鼻), 혀(舌), 피부(身), 즉 5관官을 말한다.

15...

yaṁ hi na vyathayanty ete
puruṣaṁ puruṣarṣabha ।
samaduḥkhasukhaṁ dhīraṁ
so 'mṛtatvāya kalpate ॥

16...

nāsato vidyate bhāvo
nābhāvo vidyate sataḥ ।
ubhayor api dṛṣṭo 'ntas tv
anayos tattvadarśibhiḥ ॥

17...

avināśi tu tad viddhi
yena sarvamidaṁ tatam ।
vināśam avyayasyāsya
na kaścit kartum arhati ॥

15...

아르주나여, 이런 변화에 동요되지 않고
즐거움과 괴로움을 평등하게 여기는,
그런 사람이 진정으로 지혜로운 사람이며,
해탈[7]에 이르기에 적합한 사람이다.

16...

존재하지 않는 것은 결코 생겨날 수 없고,
존재하는 것(sat)[8]은 없어질 수 없다.
이 둘의 차이를 아는 사람은
궁극적인 진리를 깨달은 것이다.

17...

우주 만물 속에 충만하게 깃들어 있는
그것[9]은 절대 파멸되지 않는다는 것을 알라.
어느 누구도 이 불변하는 그것을
어떤 힘으로도 없애버릴 수 없다.

---

7 해탈에 이른다 함은 '불멸' 또는 '영원한 생명'이라는 말로 대신할 수 있다.

8 '존재하는 것'은 육신의 주인, 즉 자아(ātman)를 가리키고, '존재하지 않는 것'은 육신을 가리킨다. 그렇지만 육신이 무상하다는 의미이지, 존재하지 않는다는 의미는 아니다. 『바가바드기타』에서는 대체로 몸이나 물질세계를 환영(māyā)의 의미로 쓰이지는 않는다.

9 '그것'은 참나(ātman), 불멸의 자아自我이고, 이는 우주의 궁극적인 실재(brahman)와 같다는 우파니샤드의 중심사상인 범아일여梵我一如사상을 반영하고 있다.

18...

antavanta ime dehā
nityasyoktāḥ śarīriṇaḥ ।
anāśino'prameyasya
tasmād yudhyasva bhārata ॥

19...

ya enaṁ vetti hantāraṁ
yaś cainaṁ manyate hatam ।
ubhau tau na vijānīto
nāyaṁ hanti na hanyate ॥

20...

na jāyate mriyate vā kadācin
nāyaṁ bhūtvā'bhavitā vā na bhūyaḥ ।
ajo nityaḥ śāśvato'yaṁ purāṇo
na hanyate hanyamāne śarīre ॥

18...

참나가 거주하고 있는 이 몸은 유한한 것이다.[10]
육체는 언젠가 없어지지만 육체 안에 머무는
측량할 수 없는 이 실재는 영원하고 불멸한다.
그러니 염려하지 말고 가서 싸워라. 아르주나여,

19...

[몸을 입고 있는] 자아[11]가 죽이는 자라고 생각하거나,
죽임을 당하게 된다고 생각하는 사람은
둘 다 알지 못하는 사람이다.
그것, 즉 자아는 죽이지도 않으며,
죽임을 당하지도 않는다.

20...

자아는 태어나지도 않고 죽지도 않는다.
[이전에] 생긴 것이 아니니
[앞으로] 다시 생길 것도 아니다.
그것은 태어난 적이 없으며, 영원하고, 불변하며,
태고적부터 존재한 것이라,
육체가 죽임을 당해도 그는 죽지 않는다.

---

10 육신은 죽어 없어지지만 육체 속에 거주하는 측량할 수 없는 참나(아트만)는 영원히 죽지 않는다.

11 자아는 아트만ātman을 가리키며, 곧 육신의 소유주를 일컫는다.

21...

vedāvināśinaṁ nityaṁ
ya enam ajam avyayam ।
kathaṁ sa puruṣaḥ pārtha
kaṁ ghātayati hanti kam ॥

22...

vāsāṁsi jīrṇāni yathā vihāya
navāni gṛhṇāti naro'parāṇi ।
tathā śarīrāṇi vihāya jīrṇāny
anyāni saṁyāti navāni dehī ॥

23...

nainaṁ chindanti śastrāṇi
nainaṁ dahati pāvakaḥ ।
na cainaṁ kledayanty āpo
na śoṣayati mārutaḥ ॥

24...

acchedyo 'yam adāhyo 'yam
akledyo 'śoṣya eva ca ।
nityaḥ sarvagataḥ sthāṇur
acalo 'yaṁ sanātanaḥ ॥

21...

없어지지 않으며, 영원하며, 태어나지 않으며,
불멸의 존재라는 것을 깨달은 사람이
어떻게 누구를 죽이거나
죽일 수 있다고 생각할 수 있겠느냐? 아르주나여,

22...

사람이 낡은 옷을 벗어버리고
다른 새 옷으로 갈아입듯이,
몸을 입은 참나도 입고 있는 몸이 낡으면
낡은 몸을 벗어버리고 다른 새로운 몸으로 갈아입는다.

23...

어떠한 무기로도 그것을 벨 수 없고,
불로도 태우지 못한다.
물로도 그것을 젖게 할 수 없고,
바람으로도 그것을 말릴 수 없다.

24...

[참나는] 베어질 수도 없고, 태워질 수도 없고,
적셔질 수 없고, 말릴 수도 없다.
그것은 항상 변함이 없으며, 모든 곳에 존재하며,
확고하며, 흔들림이 없으며, 영원하다.

25...

avyakto 'yam acintyo 'yam
avikāryo 'yam ucyate |
tasmād evaṁ viditvainaṁ
nānuśocitum arhasi ||

26...

atha cainaṁ nityajātaṁ
nityaṁ vā manyase mṛtam |
tathāpi tvaṁ mahābāho
nainaṁ śocitum arhasi ||

27...

jātasya hi dhruvo mṛtyur
dhruvaṁ janma mṛtasya ca |
tasmād aparihārye 'rthe
na tvaṁ śocitum arhasi ||

25...
그것은 겉으로 드러나지 않으며,
인간의 모든 생각 너머에 있기에
사유의 대상이 될 수 없다.
변화를 겪지만 절대 변하지 않는다.
그러므로 그대는 참나의 이러함을 안다면,
슬퍼할 필요가 없다.

26...
아르주나여, 비록 그대가 생각한 것처럼
사람이 끊임없이 태어남과 죽음에
종속된 존재라고 여겨지더라도,
그것 때문에 슬퍼하지는 마라.

27...
왜냐하면 태어나 존재하는 것은 절대 죽음을 피할 수 없고,
죽은 것은 반드시 태어나기 때문이다.
그러므로 태어나고 죽는 것이 피할 수 없는 일인데,
어찌 죽는다는 것에 슬퍼할 필요가 있겠는가.
피할 수 없는 일에 대해 슬퍼하지 마라.

28...

avyaktādīni bhūtāni
vyaktamadhyāni bhārata ।
avyaktanidhanāny eva
tatra kā paridevanā ॥

29...

āścaryavat paśyati kaścid enam
āścaryavad vadati tathai 'va cā 'nyaḥ ।
āścaryavac cainam anyaḥ śṛṇoti
śrutvā 'py enaṁ veda na cāiva kaścit ॥

28...

우주의 모든 존재[12]는
애초에 눈에 보이지 않는 데서 존재하였다가,
중간에는 눈에 보이는 상태로 존재하게 되며,
그러다가 마지막에는
다시 눈에 보이지 않는 상태로 존재하게 된다.
그러기에 그 무엇이 슬퍼할 것이겠는가?[13]

29...

참나의 불가사의함을 보는 사람도 드물다.
참나에 대하여 설명하는 사람도 드물다.
더군다나 참나에 대해 설명을 해도 듣는 사람이 드물다.
들었다 할지라도 대부분이 참나를 이해하지 못한다.

12 모든 존재들은 처음엔 드러나지 않는 상태(아트만의 상태)로 존재하고 중간엔 드러난 상태(개체아의 상태)로 존재하며 끝에는 다시 드러나지 않는 상태(아트만의 상태)로 돌아가게 된다.

13 처음과 끝은 단순히 드러나지 않기 때문에 슬퍼할 필요가 없다고 한다면 그저 알 수 없기 때문에 슬퍼할 필요가 없다는 것인데, 그럴 경우 엄연히 처음과 끝이 곧 아트만(自我)의 상태임을 분명히 밝히고 있는 브라만교의 관점에선 오히려 브라만을 아는 지혜가 없다는 말이므로 본 게송의 논지論旨와 상치相馳될 뿐이다.
어떻게든 '생이전生以前(avyakta=ātman) → 삶(vyakta=puruṣa) → 사이후死以後(avyakta=ātman)'란 과정은 변질되지 않는다. 정작 슬퍼해야 할 것은 이러한 윤회를 벗어나 브라만으로 복귀하지 못하고 있다는 사실이지 단순히 윤회과정의 전환[삶 → 죽음]을 슬퍼할 필요는 없다.

30...

dehī nityam avadhyo'yaṁ
dehe sarvasya bhārata ।
tasmāt sarvāṇi bhūtāni
na tvaṁ śocitum arhasi ॥

31...

svadharmam api cāvekṣya
na vikampitum arhasi ।
dharmyād dhi yuddhāc chreyo'nyat
kṣatriyasya na vidyate ॥

32...

yadṛcchayā copapannaṁ
svargadvāram apāvṛtam ।
sukhinaḥ kṣatriyāḥ pārtha
labhante yuddham īdṛśam ॥

30...

아르주나여, 모든 존재의 몸속에 머물고 있는
참나는 없어지지 않는다. 절대 죽지 않는다.
그러하니 어떤 존재가 죽거나 사라지는 것에
슬퍼할 필요가 없다.

31...

전사戰士로서의 자신의 의무(다르마)[14]를 생각한다면
절대 흔들릴 필요가 없다.
전사[15]에게는 정의를 위해 싸우는 것보다
더 나은 것은 없기 때문이다.

32...

아르주나여,
정의를 위한 싸움에 참여하게 된 전사는 기뻐해야 한다.
정의를 위한 싸움에서 자신의 의무(다르마)를 실행함으로써
완성에 이를 수 있는 절호의 기회가 온 것이기 때문이다.

---

14 카스트계급에서 전사戰士계급, 즉 크샤트리아kṣatriyā는 법과 질서를 유지해야 하는 책임, 전쟁을 해야 하는 의무(dharma)가 있으며, 이는 곧 아르주나 자신의 의무(sva-dharma)이다. 이러한 의무 개념은 힌두교의 전통적 윤리사상의 기본적인 특징이다. 자신의 의무(sva-dharma)는 각각의 개인에게 주어진 당연히 실행해야 하는 정의(dharma)이다.

15 전사계급(크샤트리아)의 의무에 대해서 강조하고 있다.

33...

atha cet tvam imaṁ dharmyaṁ
saṁgrāmaṁ na kariṣyasi ।
tataḥ svadharmaṁ kīrtiṁ ca
hitvā pāpam avāpsyasi ॥

34...

akīrtiñ cāpi bhūtāni
kathayiṣyanti te 'vyayām ।
saṁbhāvitasya cākīr
tirmaraṇād atiricyate ॥

35 ...

bhayād raṇād uparataṁ
maṁsyante tvāṁ mahārathāḥ ।
yeṣāṁ ca tvaṁ bahumato
bhūtvā yāsyasi lāghavam ॥

36...

avācyavādāṁś ca bahūn
vadiṣyanti tavāhitāḥ ।
nindanta stava sāmarthyaṁ
tato duḥkhataraṁ nu kim ॥

33...

그러나 만약 그대가 이 정의로운 전투에서
싸우기를 거부한다면,
그것은 자신의 의무와 명예를 저버리는 일이므로
그대는 죄악에 빠지게 되는 것이다.

34...

그러면 사람들도 그대의 씻을 수 없는 불명예를
끊임없이 되풀이 하여 말할 것이다.
존경받아야 할 사람이 명예스럽지 못한 행위를 하는 것은
죽음보다 더한 것이다.

35...

장수들은 그대가 겁이 나서
전쟁을 그만 두었다고 생각할 것이다.
지금까지 당신을 존경하던 사람들도
당신을 경멸할 것이다.

36...

적들 또한 그대의 능력을 비방할 것이고
해서는 안 될
온갖 욕설을 퍼부을 것이다.
이보다 더한 고통이 어디에 있겠는가?

37...

hato vā prāpsyasi svargaṁ
jitvā vā bhokṣyase mahīm ।
tasmād uttiṣṭha kaunteya
yuddhāya kṛtaniścayaḥ ॥

38...

sukhaduḥkhe same kṛtvā
lābhālābhau jayājayau ।
tato yuddhāya yujyasva
naivaṁ pāpam avāpsyasi ॥

39...

eṣā te'bhihitā sāṁkhye
buddhiryoge tvimāṁ śṛṇu ।
buddhyā yukto yayā pārtha
karmabandhaṁ prahāsyasi ॥

37...

전쟁에서 죽는다면 그대는 하늘을 얻을 것이고,
승리한다면 그대는 땅의 즐거움을 누릴 것이다.
그러므로 싸울 결단을
확고하게 하고 일어나라. 아르주나여,

38...

즐거움과 고통, 얻음과 잃음,
승리와 패배를 동등하게 여기면서
싸울 준비를 하여라.
그리하면 그대는 죄악에 빠지지 않을 것이다.

39...

지금까지 나는 그대에게
이론의 요가(상키야[16])에 대하여 말하였다.
이제 카르마(행위의)[17] 요가에 관한 지혜를 들어라.
이 실천을 통해 그대는 행위의 속박에서 벗어날 것이다.

---

16 『바가바드기타』에서의 '상키야'의 의미는 인도 육파철학 학파를 의미하지는 않는다. 하지만 상키야는 '이성을 통하여 해탈에 이르는 길'이라 말할 수 있다. 『바가바드기타』는 정신과 물질을 명확히 구분하는 수론(數論, 상키야)철학과 요가철학에 많은 영향을 받고 있다. '정신'은 인간의 영원한 자아(ātma), 즉 육신의 소유주를 가리키며, '물질'은 넓은 개념으로서 지성(buddhi), 의근(마음, manas), 감각기관들의 기능까지 모두 포함한다. '요가'를 '실천'이라 번역할 수 있다. 『바가바드기타』에서는 다양한 의미로 사용되고 있다. *gītā* 내용 전체의 주제가 '요가'라 해도 지나치지 않다.

17 까르마karma요가는 앎을 실천하는 것이다. 실천은 지혜를 근거로 하는 행위를 말한다.

40...

nehābhikramanāśo 'sti
pratyavāyo na vidyate |
svalpam apy asya dharmasya
trāyate mahato bhayāt ||

41...

vyavasāyātmikā buddhir
ekeha kurunandana |
bahuśākhā hy anantāś ca
buddhayo 'vyavasāyinām ||

42...

yām imāṁ puṣpitāṁ vācaṁ
pravadanty avipaścitaḥ |
vedavādaratāḥ pārtha
nānyad astīti vādinaḥ ||

40...

이 실천의 요가(까르마 요가)에서는
어떠한 노력도 헛되지 않으며,
어떠한 해로움도 없을 것이다.
이 길에서 아무리 사소한 노력을 하더라도
큰 두려움에서 벗어나게 할 것이다.

41...

아르주나여, 이 길을 갈 때에는
참자아(아트만)를 깨닫고자 하는
단 하나의 생각을 지녀야 한다.[18]
하지만 자아에 대해 결단력이 부족한 사람들은
여러 갈래로 흩어져 이곳저곳 끝없이 헤매게 된다.

42...

아르주나여,
무지한 사람들은 베다 경전의 문자에 얽매여
미사여구를 늘어놓는다.
경전에 기록되어 있는 말을 최고로 여기고
그 외의 것은 없다고 주장한다.

18 일이관지一以貫之를 의미한다.

43...

kāmātmānaḥ svargaparā
janmakarmaphalapradām ।
kriyāviśeṣabahulāṁ
bhogaiśvaryagatiṁ prati ॥

44...

bhogaiśvaryaprasaktānāṁ
tayāpahṛtacetasām ।
vyavasāyātmikā buddhiḥ
samādhau na vidhīyate ॥

45...

traiguṇyaviṣayā vedā
nistraiguṇyo bhavārjuna ।
nirdvandvo nityasattvastho
niryogakṣema ātmavān ॥

43...

그러나 욕망이 가득 찬 그들은
쾌락과 번영을 얻기 위하여 베다의 화려한 말과 온갖
의식을 실행하는데,
욕망에 따른 그들의 행위는 결과적으로
끊임없이 나고 죽고 다시 태어나는 윤회의 사슬에서
헤어날 수 없다.

44...

감각적인 쾌락과 권력을 얻으려는데
마음을 빼앗긴 사람들의 격정적인 지성은
지혜가 생겨나지 않고,
궁극적인 깨달음의 경지인 삼매에 이르지 못한다.

45...

아르주나여,
베다경전에서 세 가지 구나[19]를 설명하고 있다.
그것들을 벗어나라. 상반되는 것들의 양극을 벗어나 언제나
진리에 머물러라. 얻고자 하는 마음과
이미 얻은 것을 지키려 하는 욕망에서 벗어나라.
그리하여 늘 그대 자신 안에 머물러라.

19 '구나guna'는 '기운'의 의미이다. 물질(prakrti)세계를 구성하고 있는 세 가지 요소로 사트바(sattva, 순수), 라자스(rajas, 활동), 타마스(tamas, 암흑)를 말한다.

46...

yāvān artha udapāne
sarvataḥ saṁplutodake ।
tāvān sarveṣu vedeṣu
brāhmaṇasya vijānataḥ ॥

47...

karmaṇy evādhikāras te
mā phaleṣu kadācana ।
mā karmaphalahetur bhūr
māte saṅgo 'stv akarmaṇi ॥

48...

yogasthaḥ kuru karmāṇi
saṅgaṁ tyaktvā dhanañjaya ।
siddhyasiddhyoḥ samo bhūtvā
samatvaṁ yoga ucyate ॥

49...

dūreṇa hy avaraṁ karma
buddhiyogād dhanañjaya ।
buddhau śaraṇam anviccha
kṛpaṇāḥ phalahetavaḥ ॥

46...

홍수가 나서 사방에 물이 가득 차서 넘쳐흐르면
우물이 필요 없다.
그러하듯이 깨달음을 얻어 사방이 신성神性으로 가득 찬
사람에게는 베다 경전이 필요치 않은 것이다.

47...

그대가 관여할 일은 오직 그대가 할 일을 하는 것이다.
행위의 결과는 그대가 관여할 일이 아니다.
행위의 결과를 동기로 삼지 말아야 하며,
결과를 목적으로 행위해서는 안 된다.
또한 행위하지 않으려고도 하지 말아야 한다.

48...

아르주나여, 그대의 일을 하라.
어떠한 상황에서도 확고하고, 집착을 버리고
성공과 실패를 평등하게 여기며 행위하라.
이 평등한 마음을 요가라고 한다.

49...

아르주나여, 결과에 집착하는 행위는[20]
지혜의 요가에 바탕을 둔 행위보다 훨씬 못한 것이다.
그러므로 지혜(buddhi)를 그대의 의지처로 삼아라.
결과를 바라고 행위하는 사람은 불행한 자이다.

---

20 동기를 지닌 행위, 의도적인 행위를 말한다.

50...

buddhiyukto jahātīha
ubhe sukṛtaduṣkṛte ।
tasmād yogāya yujyasva
yogaḥ karmasu kauśalam ॥

51...

karmajaṁ buddhiyuktā hi
phalaṁ tyaktvā manīṣiṇaḥ ।
janmabandhavinirmuktāḥ
padaṁ gacchanty anāmayam ॥

52...

yadā te mohakalilaṁ
buddhir vyatitariṣyati ।
tadā gantāsi nirvedaṁ
śrotavyasya śrutasya ca ॥

50...
이원성을 넘어 평등성을 얻은 사람은
이 세상에서 선행과 악행 둘 다 버린다.
그러므로 오로지 요가에 전념하라.
요가는 행위의 기술이다.[21]

51...
지혜와 하나된 현명한 사람은
행위가 낳은 결과를 포기하여
끊임없는 윤회의 속박에서 벗어나
괴로움이 없는 경지에 이른다.

52...
그대의 마음이
이원성의 혼돈을 넘어 섰다면,
그대가 이미 [경전에서] 들은 것과
앞으로 듣게 될 것 모두에 대해 무심해질 것이다.

21 여기서 '요가'는 지혜로 제어된 행위, 즉 행위의 결과에 집착하지 않는 초연한 '행위의 기술'이다. 이것이 '행위의 요가(karma-yoga)'라는 것으로서 계속 강조되는 중요한 사상이다. 2장 72절까지는 지혜(prajña, buddhi)의 중요성과 지혜의 요가를 강조하고 있다.

53...

śrutivipratipannā te
yadā sthāsyati niścalā ।
samādhāv acalā buddhis
tadā yogam avāpsyasi ॥

arjuna uvāca

54...

sthitaprajñasya kā bhāṣā
samādhisthasya keśava ।
sthitadhīḥ kiṁ prabhāṣeta
kim āsīta vrajeta kim ॥

śrī bhagavān uvāca

55...

prajahāti yadā kāmān
sarvān pārtha manogatān ।
ātmany evātmanā tuṣṭaḥ
sthitaprajñas tadocyate ॥

53...
그동안 들었던 것들에 의해
혼란스러워진 그대의 지성이
흔들리지 않고 깊은 삼매에 안주할 때,
그대는 요가를 성취할 것이다.

아르주나가 말했다.
54...
오, 크리슈나여, 삼매에 머무른
확고한 지혜를 가진 사람의 모습은 어떠합니까?
그러한 사람들은
어떻게 말하고, 어떻게 앉으며, 어떻게 걷습니까?

크리슈나가 말했다.[22](55-72끝)
55...
마음에서 모든 욕망을 물리치고
오직 참나 안에서만 만족을 찾을 때,
그런 사람을
확고한 지혜를 지닌 사람이라고 한다.

---

22 2장 55-72절까지 확고한 지혜를 지닌 성자들에 관한 내용이다. 간디는 이 절부터 72절까지가 『바가바드기타』의 핵심 사상이며, 자신에게 가장 감명을 준 구절들이라고 하였다.

56...

duḥkheṣv anudvignamanāḥ
sukheṣu vigataspṛhaḥ ।
vītarāgabhayakrodhaḥ
sthitadhīr munir ucyate ॥

57...

yaḥ sarvatrānabhisnehas
tat tat prāpya śubhāśubham ।
nābhinandati na dveṣṭi
tasya prajñā pratiṣṭhitā ॥

56...

갖은 괴로움 속에서도 마음이 흔들리지 않으며,
갖은 즐거움 속에서도 그에 대한 갈망이 없고,
탐욕과 두려움과 분노로부터 자유로워진 사람을
확고한 지혜를 지닌 성자라고 한다.

57...

어떤 것에도 집착하지 않으며,
좋은 것을 얻어도 크게 기뻐하지 않으며
나쁜 것을 얻어도 크게 원망하지 않는 사람,
이런 사람이 확고한 지혜를 지닌 사람이다.

58...

yadā saṁharate cāyaṁ
kūrmo'ṅgānīva sarvaśaḥ ।
indriyāṇīndriyārthebhyas
tasya prajñā pratiṣṭhitā ॥

59...

viṣayā vinivartante
nirāhārasya dehinaḥ ।
rasavarjaṁ raso 'py asya
paraṁ dṛṣṭvā nivartate ॥

58...

거북이가 사방으로부터 사지四肢를 거둬들이듯이[23],
감각대상으로부터 자신의 감각기관을
완전히 거두어들일 수 있는 사람은
확고한 지혜를 지닌 사람이다.

59...

감각기관을 감각대상에서 거둬들여도
그에 대한 미약한 갈망이 남아 있게 된다.
하지만 지고의 참자아를 깨닫게 되면
그러한 미약한 갈망마저도 사라지게 된다.

23 감각대상으로부터 감각기관을 거둬들이다. – 내처內處와 외처外處로서의 입처入處 내처는 육근六根에 들어와 자리잡고 있는 선입관적인 인식상태를 말한다. '이처耳處'는 소리를 듣는 감각기관인 귀에 들어가 선입관으로서 머무는 인식상태를 말한다.
귀에 의해 소리가 들리어 '귀를 통해 소리가 들리는구나.'라고 인식되기 이전에, 소리를 듣게 될 귀[耳]에 들어가(ā) 자리하여(yatana) "밖에서 소리가 발생하면 발생된 소리가 안으로 들어와 '귀'라는 감각기관에 와닿아 소리라는 것이 인식되겠구나. 그러므로 소리는 '나'라는 존재의 밖에 존재하는 세계이며 귀가 곧 '나'라는 존재이구나."라고 생각하며 귀에 머무는 인식상태가 육내처六內處 가운데 하나인 '이처'이다. 그렇게 여기는 '이처' 때문에 '나'와 '세계'를 구분하는 잘못된 생각이 일어나게 된다. 이처럼 처(處, āyatana)는 중생의 인식상태로서, 즉 몸을 통해 들어오는 외부대상에 대한 생각이 일어나기 전에 선입관으로 갖게 되는 인식상태를 말하는 것이니 결국에는 극복되어야 할 중생의 잘못된 인식상태를 말하는 것이다.

60...

yatato hy api kaunteya
puruṣasya vipaścitaḥ |
indriyāṇi pramāthīni
haranti prasabhaṁ manaḥ ||

61...

tāni sarvāṇi saṁyamya
yukta āsīta matparaḥ |
vaśe hi yasyendriyāṇi
tasya prajñā pratiṣṭhitā ||

62...

dhyāyato viṣayān puṁsaḥ
saṅgas teṣūpajāyate |
saṅgāt sañjāyate kāmaḥ
kāmāt krodho'bhijāyate ||

63...

krodhād bhavati saṁmohaḥ
saṁmohāt smṛti vibhramaḥ |
smṛti bhraṁśād buddhināśo
buddhināśāt praṇaśyati ||

60...

아르주나여, 감각들의 힘은 아주 세다,
지혜로운 사람이 감각기관들을 통제하려고 애써도
욕망에 이끌리는 감각기관들은 너무나 난폭하여
강제로 마음을 휩쓸어 버릴 수 있다.

61...

모든 감각기관들을 제어하고
오로지 나 안에 마음을 몰입시켜야 한다.
자신의 감각기관을 완전히 지배하고 있는 사람은
확고한 지혜에 서 있는 사람이다.

62...

감각기관이 대상을 생각하면
그에 대한 집착이 일어난다.
집착은 욕망을 낳고,
욕망이 충족되지 않으면 분노가 일어난다.

63...

분노는 판단력을 흐리게 하고,
그로부터 기억의 혼란이 일어나며,
기억의 착란으로부터 지성의 파멸이 일어나고,
지성의 파멸로부터 그도 완전히 파멸하게 된다.

64...

rāgadveṣaviyuktais tu
viṣayān indriyaiś caran |
ātmavaśyair vidheyātmā
prasādam adhigacchati ||

65...

prasāde sarvaduḥkhānāṁ
hānir asyopajāyate |
prasannacetaso hy āśu
buddhiḥ paryavatiṣṭhate ||

66...

nāsti buddhir ayuktasya
na cāyuktasya bhāvanā |
na cābhāvayataḥ śāntir
aśāntasya kutaḥ sukham ||

67...

indriyāṇāṁ hi caratāṁ
yan mano'nuvidhīyate |
tad asya harati prajñāṁ
vāyur nāvam ivāmbhasi ||

64...

그러나 좋아함(탐욕)과 싫어함(증오)에서 벗어나 있는
사람은 감각세계에 살더라도 감각의 대상을 받아들일 때
자신을 통제하기 때문에,
이렇게 제어된 자아는 평정을 얻는다.

65...

평정에 이르면
모든 고통은 사라진다.
왜냐하면 평정한 마음을 지닌 사람에게는
흔들리지 않는 지혜가 빠르게 확립되기 때문이다.[24]

66...

감각기관을 제어하지 못한 사람은 지혜가 없으며,
감각기관을 제어하지 못한 사람은 명상수행을 하지 못한다,
수행이 없는 사람에게는 평안이 없고,
평안이 없는 자에게 어찌 행복이 있을 수 있겠는가?

67...

동요하는 감각들의 요구대로
그대의 마음이 끌려 다닌다면,
거센 바람이 바다 위의 배를 휩쓸어 가듯이
그대의 지혜(지성과 판단력)를 빼앗아 가버린다.

24 흔들리지 않는 지혜(buddhi)가 확립되면 고요한 평화에 이르게 되며, 초월적인 직관적 통찰력이 있기에 한 순간도 망상에 빠질 우려가 없다.

68...

tasmād yasya mahābāho
nigṛhītāni sarvaśaḥ ।
indriyāṇīndriyārthebhyas
tasya prajñā pratiṣṭhitā ॥

69...

yā niśā sarvabhūtānāṁ
tasyāṁ jāgarti saṁyamī ।
yasyāṁ jāgrati bhūtāni
sā niśā paśyato muneḥ ॥

70...

āpūryamāṇam acalapratiṣṭhaṁ
samudram āpaḥ praviśanti yadvat ।
tadvat kāmā yaṁ praviśanti sarve
sa śāntim āpnoti na kāmakāmī ॥

68...

아르주나여,

감각의 대상들로부터

감각기관들을 완전히 거두어들인 사람은

흔들리지 않는 지혜가 확고히 서 있는 사람이다.

69...[25]

모든 존재들이 밤일 때,

감각기관을 통제한 사람은

잠자지 않고 깨어 있으며,

모든 존재들이 깨어 있을 때,

진리를 지켜보는 성자들에게는 밤이다.[26]

70...

물이 바다로 흘러 들어와 채워도

바다는 변함이 없는 것처럼,

감각기관의 욕망들이 들어오더라도

성자들은 내면의 바다로 끌어들여 고요한 평화를 누린다.

하지만 욕망의 대상들을 쫓아다니는 사람은

결코 평화의 바다에 이르지 못한다.

25 『바가바드기타』에서 가장 아름다운 구절 중 하나이다. 이 구절에서 간디는 어두운 세상 속에서 빛을 발하는 진리 파지의 공동체(Satyagraha Ashram)의 이상을 발견한다.

26 세상 사람들이 밝은 지혜라고 하는 것들이 성자들에게는 무지의 어둠에 지나지 않는다. 밝은 지혜라고 하는 것들은 감각 정보를 기준으로 객관적인 진리라고 주장하는 것들을 말한다.

71...

vihāya kāmān yaḥ sarvān
pumāṁś carati niḥspṛhaḥ ।
nirmamo nirahaṁkāraḥ
sa śāntim adhigacchati ॥

72...

eṣā brāhmī sthitiḥ pārtha
naināṁ prāpya vimuhyati ।
sthitvā 'syām antakāle 'pi
brahmanirvāṇam ṛcchati ॥

71...

모든 욕망을 버리고,

결과에 대한 집착이 없이 행위하며,

'나'와 '나의 것'에 대한 생각을 넘어선 사람은

지고의 평안에 이른다.

72...

아르주나여, 이것이 브라만의 경지[27]이다.

이 경지에 이른 사람은 결코 미혹되지 않는다.

이 경지에 머물러 있는 사람은

죽는 순간에도 브라만과 하나로 있다.[28]

제2장 [이론의 요가]

27 브라만의 경지를 브라만과의 합일이라고 할 수 있다. 열반涅槃은 불교에서 주로 사용하는 해탈이라는 개념이다. 여기서의 열반의 의미는 힌두교의 보편적인 해탈(mokṣa)의 의미와 같다.

28 감각기관이 제어되고 수행이 깊어진 사람은 흔들리지 않는 지혜가 더욱 확고해져서 청정함과 평안과 삼매를 성취한다. 그는 곧 자아를 실현한 사람으로 해탈의 경지 즉 브라만의 열반에 도달한다. 하지만 이는 크리슈나-비슈누에 대한 신애(bhakti)를 통해서 신에게 가는 해탈의 경지와 구별된다.

제3장

행위의 요가
karma yoga

욕망의 거주지는 감각기관과 마음과 지성이다.
욕망은 이곳에 머물러 지혜를 가린다.
그래서 몸을 입은 자,
곧 참나를 미혹시킨다. (2.40)

arjuna uvāca

1...

jyāyasī cet karmaṇas te
matā buddhir janārdana ।
tat kiṁ karmaṇi ghore māṁ
niyojayasi keśava ॥

2...

vyāmiśreṇeva vākyena
buddhiṁ mohayasīva me ।
tad ekaṁ vada niścitya
yena śreyo'ham āpnuyām ॥

śrī bhagavān uvāca

3...

loke 'smin dvividhā niṣṭhā
purā proktā mayānagha ।
jñānayogena sāṁkhyānāṁ
karmayogena yoginām ॥

아르주나가 말했다. (1-2)

1...

크리슈나여, 당신의 말씀처럼
지식(이론)이 행위보다 중요하다고 한다면,
어찌하여 저에게 이토록 끔찍한 행위를
하라고 재촉하시는 겁니까?

2...

당신의 모순된 것 같은 말씀이
저의 이성을 혼란스럽게 합니다.
제가 지고의 길에 이를 수 있도록
하나의 길을 분명히 말씀해 주십시오.

크리슈나가 말했다. (3-35)

3...

아르주나여,
내가 예로부터 이 세상에 두 가지 길을 가르쳤다.
이론적이고 지적인 사람들을 위한 지식에 헌신하는
지혜의 요가(갸나요가)를,
실천적이고 행위에 헌신하는 사람을 위한
행위의 요가(까르마요가)를 가르쳤다.

4...

na karmaṇām anārambhān
naiṣkarmyaṁ puruṣo'śnute ।
na ca saṁnyasanād eva
siddhiṁ samadhigacchati ॥

5...

na hi kaścit kṣaṇam api
jātu tiṣṭhaty akarmakṛt ।
kāryate hy avaśaḥ karma
sarvaḥ prakṛtijair guṇaiḥ ॥

6...

karmendriyāṇi saṁyamya
ya āste manasā smaran ।
indriyārthān vimūḍhātmā
mithyācāraḥ sa ucyate ॥

4...
단순히 행위를 하지 않음으로써
무위(無爲, naiṣkarmya)[1]를 얻는 것이 아니며,
[뿐만 아니라] 행위를 포기(saṁnyāsa)하는 것만으로
완성에 이르는 것도 아니다.

5...
단 한 순간도 행위를 하지 않고 있는 사람은 아무도 없다.
모든 사람이 근본원질(프라크리티prakṛti)에서 생긴
에너지(구나guṇa)들에 의해
행위하도록 되어 있기 때문이다.

6...
행위 기관들을 억제하고 있지만,
마음은 감각의 대상들을 쫓아다니는 사람은
미혹된 자로
스스로 자신을 속이는 위선자이다.

1 무위(無爲, naiṣkarmya)는 행위로부터 자유로운 상태라는 의미이다. 이는 단순히 아무런 행위를 하지 않는 무행위(akarma)나 행위의 포기(saṁnyāsa)가 결코 아니다. 행위하되 그의 결과에 집착하지 않음으로써 행위로부터 자유로운 상태를 의미한다. 참고로 도가道家에서의 무위無爲는 인위人爲를 없애고 도道를 따르는 행위이다. 그래서 나이쉬까르미야naiṣkarmya와 유사하다고 볼 수 있다

7...

yas tv indriyāṇi manasā
niyamyārabhate 'rjuna ।
karmendriyaiḥ karmayogam
asaktaḥ sa viśiṣyate ॥

8...

niyataṁ kuru karma tvaṁ
karma jyāyo hy akarmaṇaḥ ।
śarīrayātrāpi ca te
na prasidhyed akarmaṇaḥ ॥

9...

yajñārthāt karmaṇo'nyatra
loko'yaṁ karmabandhanaḥ ।
tadarthaṁ karma kaunteya
muktasaṅgaḥ samācara ॥

7...

그러나 감각기관들을 제어하면서
감각기관의 활동이
결과에 대한 어떠한 집착도 없이
행위의 요가를 실행하는 사람은 뛰어난 사람이다.

8...

그러므로 그대에게 주어진 의무를 행하라.
행위하는 것이 행위하지 않는 것보다 훨씬 더 낫다.
행위를 하지 않으면 그대의 육신조차도
지탱할 수 없을 것이다.

9...[2]

세상 사람들의 모든 행위가 속박되어 있다.
아르주나여, 그대의 모든 행위를 신에게 제물로 바치듯이
어떠한 집착에서 벗어나
제사를 목적으로 행위하도록 하라.[3]

2 9-16절에서 신에 대한 제사 행위의 중요성을 말한다.

3 제사(yajñā)는 신에게 공물供物을 바치는 행위이다. 따라서 행위를 자신의 목적을 위한 행위가 아닌 신에게 바치는 순수한 행위로부터 자유로움을 얻을 것이라는 의미이다. 대체로 '희생'으로 번역되듯이 자신의 목적을 위한 행위가 아니라, 신에게 아무런 조건 없이 헌신 또는 희생하는 행위이다.

10...

saha-yajñāḥ prajāḥ sṛṣṭvā
puro 'vāca prajāpatiḥ ।
anena prasaviṣyadhvam
eṣa vo 'stv iṣṭa-kāma-dhuk ॥

11...

devān bhāvayatānena
te devā bhāvayantu vaḥ ।
parasparaṁ bhāvayantaḥ
śreyaḥ param avāpsyatha ॥

12...

iṣṭān bhogān hi vo devā
dāsyante yajñabhāvitāḥ ।
tair dattān apradāyaibhyo
yo bhuṅkte stena eva saḥ ॥

10...

태초에 창조주 프라자파티는[4]
제사와 사람을 함께 만든 다음
"이것, 즉 제사로[5] 너희는 번성할 것이고,
이것이 너희들의 모든 소원을 이루게 될 소가[6] 될 것이다."
라고 약속했다.

11...

"너희는 제사로 신들을 풍요롭게 하라.
그러면 신들도 너희를 풍요롭게 할 것이다.
이와 같이 서로 간에 섬김과 베풂을 통해서
너희는 지고의 경지에 도달할 것이다."

12...

"제물로 풍요로워진 신들은
너희들이 원하는 복락을 줄 것이다."
그러나 신들의 선물을 받고 즐기기만 하고
신들에게 아무 것도 보답하지 않는 사람은
바로 도둑이나 다를 바 없다.

4 창조주(prajāpati)는 베다 경전에 나오는 '창조의 신'으로 문자대로 '자손의 주'라는 의미이다. 자손이란 모든 피조물이라는 넓은 의미이다.

5 너희의 모든 행위가 결과에 대한 집착없이 행하는 제사가 되게 함을 말한다.

6 소(如意牛, kāmadhuk)는 인도의 전설적인 소로서 원하는 바를 모두 성취시켜 주는 소이다.

13...

yajñaśiṣṭāśinaḥ santo
mucyante sarvakilbiṣaiḥ ।
bhuñjate te tv aghaṁ pāpā
ye pacanty ātmakāraṇāt ॥

14...

annād bhavanti bhūtāni
parjanyād annasambhavaḥ ।
yajñād bhavati parjanyo
yajñaḥ karmasamudbhavaḥ ॥

15...

karma brahmodbhavaṁ viddhi
brahmākṣarasamudbhavam ।
tasmāt sarvagataṁ brahma
nityaṁ yajñe pratiṣṭhitam ॥

13...

제사드리고 남은 음식[7]을 먹는 선한 사람은
모든 죄악에서 해방된다.
그러나 자신만을 위해 음식을 만드는 악한 사람은
[음식이 아니라] 자신의 욕망을 먹는 것이다.

14...

모든 생명체는 음식에서 나오며,
음식은 비에서 나온다.
비는 제사로부터 나오며,
제사는 행위로부터 나온다.[8]

15...

행위는 [영원하고 무한한] 브라만으로부터 나온다.
그러한 브라만은 불멸자로부터 나온다.
그러므로 만물에 존재하는 브라만은
항상 제사에 머무르고 있다.[9]

---

7 '제사에서 남은 음식을 먹는 사람'은 신에게 제물을 바치는 심정으로 먹는 사람을 의미한다. 제사드린 후 제물로 바쳤던 음식을 나누어 먹는 것은 자기가 제물을 바치는 행위자임과 동시에 받는 자임을 보여주는 상징적 행위이다.

8 생명체는 음식을 먹고 생명을 유지한다. 음식이 되는 곡식은 비를 맞으며 자란다. 비는 아무런 대가를 바라지 않고 내린다. 이는 곧 비가 내리고, 곡식이 영그는 것은 어떠한 대가를 기대하지 않는 행위인 제사인 것이다.(정창영. 『바가바드기타』 p.78에서 인용함)

9 항상 제사에 임해져 있다 : 언제나 모든 행위에 현존하고 있다는 의미이다.

16...

evaṁ pravartitaṁ cakraṁ
nānuvartayatīha yaḥ ।
aghāyurindriyārāmo
moghaṁ pārtha sa jīvati ॥

17...

yas tv ātmaratir eva syād
ātmatṛptaś ca mānavaḥ ।
ātmany eva ca saṁtuṣṭas
tasya kāryaṁ na vidyate ॥

18...

naiva tasya kṛtenārtho
nākṛteneha kaścana ।
na cāsya sarvabhūteṣu
kaścid arthavyapāśrayaḥ ॥

19...

tasmād asaktaḥ satataṁ
kāryaṁ karma samācara ।
asakto hy ācaran karma
param āpnoti pūruṣaḥ ॥

16...
이와 같이 바퀴처럼
돌아가는 세상(법칙)을 따르지 않고,
감각적인 쾌락을 즐기며 죄 속에서 사는 사람은
인생을 헛되이 사는 것이다. 아르주나여,

17...
그러나 참나 안에서 기쁨을 얻고,
참나 안에서 만족하고,
참나만을 좋아하는 사람은
더 이상 해야 할 일이 없다.

18...
그러한 사람은 행위를 하면서도
행위로부터 무엇을 얻고자 하지 않는다.
행위를 하지 않을 때에도 그저 행위를 하지 않을 뿐,
무엇을 얻으려 하지 않는다.
모든 존재에 대해 어떠한 목적으로도 의존하지 않는다.

19...
그러므로 결과를 목적으로 하지 말고
당연히 해야 하는 일을 집착 없이 행해라.
집착하지 않고 행위하는 사람은
지고의 경지에 이르기 때문이다.

20...

karmaṇaiva hi saṁsiddhim
āsthitā janakādayaḥ ।
lokasaṁgraham evāpi
saṁpaśyan kartum arhasi ॥

21...

yad yad ācarati śreṣṭhas
tat tad evetaro janaḥ ।
sa yat pramāṇaṁ kurute
lokas tad anuvartate ॥

22...

na me pārthāsti kartavyaṁ
triṣu lokeṣu kiṁcana ।
nānavāptam avāptavyaṁ
varta eva ca karmaṇi ॥

23...

yadi hy ahaṁ na varteyaṁ
jātu karmaṇy atandritaḥ ।
mama vartmānuvartante
manuṣyāḥ pārtha sarvaśaḥ ॥

20...

자나카 왕[10] 등도 바로 행위를 통해서
완성에 이르렀기 때문이다.
인류를 올바른 길로 인도하기 위해서라도
그대는 마땅히 행위를 해야 한다.

21...

훌륭한 사람이 어떤 행위를 하면
다른 사람도 그것을 따라 행하기 마련이다.
그가 보인 모범을
세상 사람들이 따르는 것이다.

22...

아르주나여,
이 삼계에서 내가 해야 할 일이 없으며,
얻지 못하고 있어서 얻어야 할 것도 없다.
그럼에도 불구하고 나는 언제나 행위를 한다.

23...

만일 내가 행위를 멈추면
사람들은 즉시
나의 길을 따라서
행위하지 않으려 할 것이기 때문이다.

10 지혜로운 왕인 자나카 왕은 『브리하드아란야카 우파니샤드』(4.1-4)에 나오는 비데하의 왕이다. 철학적 지혜에 지대한 관심을 쏟은 왕이다.

24...

utsīdeyur ime lokā
na kuryāṁ karma ced aham ।
saṁkarasya ca kartā syām
upahanyām imāḥ prajāḥ ॥

25...

saktāḥ karmaṇy avidvāṁso
yathā kurvanti bhārata ।
kuryād vidvāṁs tathāsaktaś
cikīrṣur lokasaṁgraham ॥

26...

na buddhibhedaṁ janayed
ajñānāṁ karmasaṅginām ।
joṣayet sarvakarmāṇi
vidvān yuktaḥ samācaran ॥

24...
만일 내가 행위하지 않는다면,
이 세상은 파멸할 것이다.
내가 바로 혼돈을 일으킨 원인이 되며,
결국에는 모든 창조물(세상과 사람 모두)은 파멸할 것이다.

25...
아르주나여! 무지한 사람들이
자신의 이득에 집착하여 행위를 하듯이,
현명한 사람은 집착 없이
온 세상 전체의 행복을 위해 행위해야 한다.

26...
현명한 사람은 이익에 집착하여 행위하는
무지한 사람들의 마음을 혼란하게 해서는 안 된다.
오히려 절제된 행위를 하는 현명한 사람이
무지한 그들이 자신들의 행위를 즐기도록 내버려 두라.

27...

prakṛteḥ kriyamāṇāni
guṇaiḥ karmāṇi sarvaśaḥ ।
ahaṁkāravimūḍhātmā
kartāham iti manyate ॥

28...

tattvavit tu mahābāho
guṇakarmavibhāgayoḥ ।
guṇā guṇeṣu vartanta
iti matvā na sajjate ॥

27...[11]

모든 행위는 전적으로
근본원질(프라크리티)의 세 가지 요소(구나)의 흐름에 의해서
저절로 일어난다.
그러나 자아의식[12]에 의해 미혹된 사람은
"내가 행위자다."라고 생각한다.

28...

그러나 감각기관으로 있는 세 요소들이
감각대상으로 있는 요소들에 작용한다는 사실을
알고 있는 사람들은
요소들이 요소들에 작용하고 있을 뿐임을 알기 때문에
자신을 행위자라고 생각하지 않는다.

11 27-35 : 행위의 주체는 물질인 근본원질(prajāpati)임을 설명한다.

12 자아의식(ahamkāra)은 마음(manas)이나 지성(buddhi)과 같이 근본원질로 이루어진 심리기관이다. 그러나 이들은 '자기에 집착하는 의식'과 '자기가 참나'라고 착각하는 의식이 강하게 일어나는 심리기관이다. 그러기 때문에 물질적 요소 대신에 자아를 행위자로 착각한다. 그러나 자아(ātman)는 행위자가 아니며, 초연한 존재이다.

29...

prakṛter guṇasaṁmūḍhāḥ
sajjante guṇakarmasu ।
tān akṛtsnavido mandān
kṛtsnavin na vicālayet ॥

30...

mayi sarvāṇi karmāṇi
saṁnyasyādhyātmacetasā ।
nirāśīr nirmamo bhūtvā
yudhyasva vigatajvaraḥ ॥

31...

ye me matam idaṁ nityam
anutiṣṭhanti mānavāḥ ।
śraddhāvanto 'nasūyanto
mucyante te 'pi karmabhiḥ ॥

29...

근본원질(프라크리티)의 요소들에 미혹된 무지한 사람들은
요소(guṇa)들의 작용에 집착하게 된다.[13]
진리를 알고 있는 사람은
진리를 아직 모르고 있는 사람들을
어지럽히지 말아야 한다.

30...

그대의 마음을 참나에 고정시키고,
모든 행위를 나에게[14] 맡기고,
어떠한 결과에 대한 생각과 이기심도 없이,
분노를 버리고 나가 싸워라.

31...

나의 이 가르침을
진리로 확신하고,
어떠한 불평 없이 따르는 사람은
역시 행위의 굴레에서 해방된다.

13 물질의 세 가지 요소의 상호작용에 의해서 모든 행위가 일어남을 모르는 무지한 사람은 행위의 결과에 집착한다. 현명한 사람은 행위가 요소들의 작용으로 저절로 일어난다는 것을 알기 때문에 행위의 결과에 집착하지 않는다.

14 '나에게'는 지고한 존재로서의 '크리슈나' 본인에게 제사를 바친다는 것을 의미한다고 볼 수 있다. 한편으로는 문맥상 '나'를 아트만으로 보고 '모든 행위가 아트만에서 비롯된다'는 의미로 본다. 아트만이 세 요소의 작용을 통해서 현실적으로 드러나고 변화무쌍한 이 세계를 스스로 경험하지만, 아트만 자신은 그 변화에 어떠한 영향도 받지 않는다는 의미가 타당할 것으로 본다.

32...

ye tv etad abhyasūyanto
nānutiṣṭhanti me matam ।
sarvajñānavimūḍhāṁs tān
viddhi naṣṭān acetasaḥ ॥

33...

sadṛśaṁ ceṣṭate svasyāḥ
prakṛter jñānavān api ।
prakṛtiṁ yānti bhūtāni
nigrahaḥ kiṁ kariṣyati ॥

34...

indriyasyendriyasyārthe
rāgadveṣau vyavasthitau ।
tayor na vaśam āgacchet
tau hyasya paripanthinau ॥

32...

그러나 나의 가르침을 의심하고 불평하며,
따르지 않는 사람은
모든 지혜에 미혹하여 분별이 없고
결국 고통 속에서 허우적대는 불쌍한 자 들이다.

33...

지혜가 있는 사람일지라도
자신의 근본원질의 본성(guṇa)에 따라 행위한다.
모든 존재는 근본원질의 본성을 따른다.[15]
따르지 않으려고 스스로를 억압한들
무슨 소용이 있겠는가?

34...

감각기관들이 대상들에 대하여
좋아하기도 하고 싫어하기도 한다(탐욕과 증오).
이 둘의 힘에 굴복하지 말라.[16]
이것들이 그대의 큰 장애, 적敵이기 때문이다.

15 어느 누구도 본성의 힘에서 벗어날 수 없다.
16 탐욕과 증오라는 본성에 지배당하지 않아야 한다.

35...

śreyān svadharmo viguṇaḥ
paradharmāt svanuṣṭhitāt ।
svadharme nidhanaṁ śreyaḥ
paradharmo bhayāvahaḥ ॥

arjuna uvāca

36...

atha kena prayukto 'yaṁ
pāpaṁ carati pūruṣaḥ ।
anicchann api vārṣṇeya
balād iva niyojitaḥ ॥

śrī bhagavān uvāca

37...

kāma eṣa krodha eṣa
rajoguṇasamudbhavaḥ ।
mahāśano mahāpāpmā
viddhy enam iha vairiṇam ॥

35... (sva-dharma)
부족하더라도 자신의 의무[17]를 실행하는 것이
다른 사람의 의무를 잘하는 것보다 더 낫다.
자신의 의무를 실행하다 죽는 것이 나으며,
남의 의무를 실행하는 것은 위험을 초래한다.

아르주나가 말했다.
36...
크리슈나여, 도대체 무엇이
사람으로 하여금 죄를 짓게 합니까?
자신의 의지와는 무관하게
마치 어떤 힘에 강요된 것처럼 말이지요.

크리슈나가 말했다.
37...
바로 욕망과 분노이다.
이는 근본원질 중
격정적(라자스, rajas) 요소에서 나온 것인데,
이는 모든 것을 삼켜 버리며, 모든 죄의 원인이다.
이것이 세상의 가장 강한 적敵임을 알아라.

17 자신의 의무(sva-dharma)는 각 개인의 상황에 주어진 의무이다. 특히 힌두교에서는 카스트나 신분에 따라 각각 달리 주어지는 사회적 의무이다.

38...

dhūmenāvriyate vahnir
yathādarśo malena ca ।
yatholbenāvṛto garbhas
tathā tenedam āvṛtam ॥

39...

āvṛtaṁ jñānam etena
jñānino nityavairiṇā ।
kāmarūpeṇa kaunteya
duṣpūreṇānalena ca ॥

40...

indriyāṇi mano buddhir
asyādhiṣṭhānam ucyate ।
etair vimohayaty eṣa
jñānam āvṛtya dehinam ॥

41...

tasmāt tvam indriyāṇy ādau
niyamya bharatarṣabha ।
pāpmānaṁ prajahi hy enaṁ
jñānavijñānanāśanam ॥

38...

불빛이 연기로 가려지듯이,
거울이 먼지로 덮혀 지듯이,
태아가 태반에 싸여 있듯이,
지혜가 이기적인 욕망에 가려져 있다.

39...

아르주나여,
만족할 줄 모르는 욕망의 불길이
지혜로운 자의 지혜까지도 어둡게 가려버린다.
그것이 지혜로운 자들의 가장 무서운 적이다.

40...

욕망의 거주지는
감각기관과 마음과 지성이다.
욕망은 이곳에 머물러 지혜를 가린다.
그래서 몸을 입은 자, 곧 참나를 미혹시킨다.

41...

그러므로 아르주나여,
먼저 감각기관을 제어하라.[18]
그 다음에 지혜와 분별력을 어둡게 하여
파괴하려는 적을 없애 버려라.

---

18 먼저 감각기관을 제어하라. – 아르주나가 싸워야 할 적은 외부에 있는 대상이 아니라 자신의 욕망임을 알게 해준다.

42...

indriyāṇi parāṇy āhur
indriyebhyaḥ paraṁ manaḥ ।
manasas tu parā buddhir
yo buddheḥ paratas tu saḥ ॥

43...

evaṁ buddheḥ paraṁ buddhvā
saṁstabhyātmānamātmanā ।
jahi śatruṁ mahābāho
kāmarūpaṁ durāsadam ॥

42...

사람들은 감각기관이 육체보다 높다고 말하나,
감각기관보다 더 높은 것이 마음이다.
마음보다 더 높은 것이 지성인데,
지성보다도 더 높은 것은 참나이다.

43...

그러므로 초월적인 지성보다 더 높은 참나(ātman)를
깨달아, 참나로 자아를 다스려라.
그렇게 함으로써 욕망의 모습을 하고 있는
정복하기 어려운 적을 베어 버려라.
아르주나여.

제3장 [행위의 요가]

제4장

지혜의 요가

jñānakarmasaṁnyāsa yoga

tasmād ajñānasaṁbhūtaṁ
hṛtsthaṁ jñānāsinātmanaḥ ।
chittvainaṁsaṁ śayaṁ yogam
ātiṣṭhottiṣṭha bhārata ॥ 4.42

그러므로 무지로부터 생겨난
그대 마음속에 머무는 의심을
지혜의 칼로 잘라 버려라.
그런 후, 요가에 전념하라.
이제, 일어나라. 바라타의 아들아. (4.42)

śrī bhagavān uvāca

1...

imaṁ vivasvate yogaṁ
proktavān aham avyayam ।
vivasvān manave prāha
manur ikṣvākave'bravīt ॥

2...

evaṁ paramparāprāptam
imaṁ rājarṣayo viduḥ ।
sa kāleneha mahatā
yogo naṣṭaḥ paraṁtapa ॥

3...

sa evāyaṁ mayā te 'dya
yogaḥ proktaḥ purātanaḥ ।
bhakto 'si me sakhā ceti
rahasyaṁ hy etad uttamam ॥

크리슈나가 말했다.

1...

나는 이 불멸의 요가를
비바스바트(태양신)에게 가르쳤고,
비바스바트는 이것을 마누에게 전했고,
마누는 이것을 익슈바쿠[1]에게 전했다.

2...

아르주나여, 이와 같이 대를 이은 요가는
뛰어난 현자들에 의하여 대를 이어 전승되었다.
그러나 오랜 세월이 흐르는 동안
이 요가는 세상에서 사라져 버렸다.

3...

오늘 나는 그대에게 그 태고의 요가를 가르쳐 주었다.
그대는 나를 신애하는 자이고, 친구이기 때문이다.
이 가르침은 최고의 비밀이다.[2]

---

1 태양신 비바스바트가 낳은 최초의 인간 아들인 마누는 비바스바트의 14명 아들 가운데 일곱 번째 아들이다. 그리고 마누의 아들은 익슈바쿠이다.

2 아우구스틴은 "태고의 진리는 만든 것이 아닌 지혜, 바로 지금 현재에 있으며 과거에 언제나 있었던 것 같이 미래에도 언제나 있을 것"이라 했으며, 모든 종교와 철학의 영원한 근원이 불멸의 철학이다. 공자 역시 "술이부작述而不作, 즉 조술祖述할 뿐이지 짓지 않는다"라고 말했다.

arjuna uvāca

4...

aparaṁ bhavato janma
paraṁ janma vivasvataḥ ।
katham etad vijānīyāṁ
tvam ādau proktavān iti ॥

śrī bhagavān uvāca

5...

bahūni me vyatītāni
janmāni tava cārjuna ।
tāny ahaṁ veda sarvāṇi
na tvaṁ vettha paraṁtapa ॥

아르주나가 말했다.

4...

비바스바트는 당신보다 먼저 태어나셨고,

당신은 그보다 훨씬 뒤에 태어나셨습니다.

그런데 당신께서 태초에 그에게 이 요가를 가르쳐 주셨다는

것을 제가 어떻게 이해할 수 있겠습니까?

크리슈나가 대답했다. (5-42절)

5... (5-13절: '나는 화신化身이다')

아르주나여, 나는 수많은 생生을 거쳐 왔단다.

그대 또한 그러하단다.

나는 모든 생을 알고 있지만,

그대는 그대의 전생을 알지 못한다.

6...

ajo 'pi sann avyayātmā
bhūtānām īśvaro 'pi san ।
prakṛtiṁ svām adhiṣṭhāya
saṁbhavāmy ātmamāyayā ॥

7...

yadā yadā hi dharmasya
glānir bhavati bhārata ।
abhyutthānam adharmasya
tadātmānaṁ sṛjāmy aham ॥

6...

나는 태어남도 없고 변하지도 않는 자이며
세상 만물 안에 존재하는 진정한 주인이다.
하지만 나 자신의 근본원질을 사용하여,
나의 신비로운 창조력(마야[3])으로
나 자신을 유한한[4] 형태로 이 세상에 출현한다.[5]

7...

아르주나여,
정의가 쇠퇴하고 불의가 왕성할 때면,[6]
바로 그 때, 나는 이 땅에 내 자신을 드러낸다.

---

3 마야māyā : 『베다』에서의 마야는 '자아自我의 신비한 힘'의 의미이다. 하지만 '베단타'에서는 '새끼줄을 보고 뱀으로 잘못 아는 등의 잘못된 생각' 등 '환영幻影'의 의미로 쓰인다.
『바가바드기타』에서는 '자아가 인격화된 상태로서 가지는 창조력, 즉 불가사의한 힘'을 말한다. 그 힘의 실체를 이해하지 못하는 어리석은 이들에겐 '환상 또는 잘못된 생각'을 가지게 하는 까닭에, 깨달은 이에겐 위대한 힘으로 간주되고 깨닫지 못한 이에겐 미혹으로 간주되는 등 『바가바드기타』에선 이중적인 의미로도 사용되고 있다.

4 '유한한 형상으로 태어났다'함은 바로 아르주나에게 나타난 크리슈나의 모습을 말하고 있다.

5 드디어 크리슈나가 자신의 정체를 말하고 있다. 이처럼 절대자가 인간의 몸으로 나타나는 것이 곧 화신(化身, avatāra)이다. 여기서 본래 영원하고, 무한하며, 불가시적인 존재인데, 자신의 창조력(māyā)에 의해 육신을 가지고 유한한 형태로 시간의 세계에 태어난 신의 화신임을 말하고 있다. 지금 아르주나에게 드러난 크리슈나와 같은 모습을 말한다.

6 정의가 쇠퇴함은 자신의 의무(svadharma)를 실행하지 않음을 말한다.

8...

paritrāṇāya sādhūnāṁ
vināśāya ca duṣkṛtām ।
dharmasaṁsthāpanārthāya
saṁbhavāmi yuge yuge ॥

9...

janma karma ca me divyam
evaṁ yo vetti tattvataḥ ।
tyaktvā dehaṁ punarjanma
naiti mām eti so 'rjuna ॥

10...

vītarāgabhayakrodhā
manmayā mām upāśritāḥ ।
bahavo jñānatapasā
pūtā madbhāvamāgatāḥ ॥

8...

선한 사람들을 보호하고
악한 사람들을 멸하기 위하여
그리고 정의를 다시 세우기 위하여,
나는 매 시대마다 세상에 출현한다.[7]

9...

나의 출생은 신성의 드러남이며,
나의 행위는 곧 신의 행위라는
비밀을[8] 아는 사람은 육신을 떠나도 나에게 온다.
그는 다시 태어나지 않는다.[9] 아르주나여,

10...

모든 것의 근원이 '나'임을 깨우친 많은 사람들이
집착과 두려움과 분노에서 벗어나
늘 나만을 생각하고, 나에게 귀의하고,
지혜를 얻기 위한 고행으로 정화되어
나의 상태에 이르렀다.

---

7 크리슈나는 우리 모두를 위해 창조하고, 보호하고, 멸망시키기도 하는 우주의 주이시다. 이 구절을 마치 전쟁을 찬성하는 것으로는 보지 않는다.

8 크리슈나의 태어남은 신성神性이 유한한 형태(하나의 화신)로 현현함이요, '행위의 비밀'이란 크리슈나의 행위가 곧 신神의 행위인데 이러한 비밀을 아는 자는 깨달음을 얻어 근원으로 간다는 말이다.

9 나의 출생은 신성神性의 드러남(현현)이요, 나의 행위는 곧 신의 행위임을 아는 사람은 환생하지 않는다.

11...

ye yathā māṁ prapadyante
tāṁstathaiva bhajāmyaham ।
mama vartmānuvartante
manuṣyāḥ pārtha sarvaśaḥ ॥

12...

kāṅkṣantaḥ karmaṇāṁ siddhiṁ
yajanta iha devatāḥ ।
kṣipraṁ hi mānuṣe loke
siddhir bhavati karmajā ॥

13...

cāturvarṇyaṁ mayā sṛṣṭaṁ
guṇakarmavibhāgaśaḥ ।
tasya kartāram api māṁ
viddhy akartāram avyayam ॥

11...

사람들이 다양한 방식으로 나에게 귀의한다.
그들이 어떠한 길로 오든
나는 다 받아들여 그들을 사랑한다.
사람들은 다양한 방식으로 나의 길을 따른다. 아르주나여,

12...

세상 사람들은 자신이 하는 일이 성공하길 바라면서
저마다 자신이 선택한 신들에게 제사를 지낸다.
왜냐하면 그렇게 하면 인간 세상에서
일의 성취가 빠르게 이루어지기 때문이다.

13...

나는 속성과 행위(業)의 배분에 따라
사성 계급제도를 만들었다.[10]
비록 내가 그것들을 만든 자이지만,
나는 영원히 행위하지 않는 자[11]로서 그렇게 한다.

10 카스트제도에 대해서는 18장 42-44절에 설명한다.

11 아무런 집착도 없이 행위하기 때문에 '함(爲)이 없다' 하여 무위(無爲, akartaram)이다. 무위는 무작無作이라고 한다. 행위하되 아무런 집착도 없이 하기 때문에 함이 없다고 한다. 노자는 "무위란 작위가 없는 경지(無爲而無不爲)"라 말했다.

14...

na māṁ karmāṇi limpanti
na me karmaphale spṛhā ।
iti māṁ yo 'bhijānāti
karmabhir na sa badhyate ॥

15...

evaṁ jñātvā kṛtaṁ karma
pūrvairapi mumukṣubhiḥ ।
kuru karmaiva tasmāt tvaṁ
pūrvaiḥ pūrvataraṁ kṛtam ॥

16...

kiṁ karma kim akarmeti
kavayo 'pyatra mohitāḥ ।
tat te karma pravakṣyāmi
yaj jñātvā mokṣyase 'śubhāt ॥

14...
나는 행위의 결과에 집착하지 않기 때문에
어떠한 행위도 나에게 영향을 미칠 수 없다.
이렇게 나를 아는 사람은
행위(業)에 속박되지 않는다.

15...
이 진리를 알고 해탈을 갈망했던
옛 현자들도 이처럼 그들의 행위를 하였다.
그러므로 그대도 옛 현자들이 그랬던 것처럼 그를 본받아
행위에 속박됨이 없이 그대의 의무적 행위를 해라.

16... (16-22절: 무엇이 행위이고, 무엇이 무행위인가?)
무엇이 '행위'이고,
무엇이 '행위함이 없음'인지를
지혜로운 사람들조차 이에 대해서 미혹되어 있다.
이제 내가 그대에게 '행위'가 무엇인지를 가르쳐 주겠다.
이것을 알면 그대는 악한 결과를 벗어날 것이다.

17...

karmaṇo hy api boddhavyaṁ
boddhavyañ ca vikarmaṇaḥ ।
akarmaṇaś ca boddhavyaṁ
gahanā karmaṇo gatiḥ ॥

18...

karmaṇy akarma yaḥ paśyed
akarmaṇi ca karma yaḥ ।
sa buddhimān manuṣyeṣu
sa yuktaḥ kṛtsnakarmakṛt ॥

17... (17-21 : 행위란 무엇인가)

행위行爲가 무엇인지를 이해하기 어렵지만
무엇인지를 반드시 알아야 한다.
또한 무엇이 잘못된 행위(非行爲)이며,
무엇이 행위함이 없음(無行爲)인지를 그대는 알아야 한다.[12]

18...

행위를 하되 행위함이 없도록[13] 하고
행위함이 없는데[14] 행위를 보는 사람이
지혜로운 사람이다.
그러한 사람이 바로 요기yogi[15]이다.
그들의 의식이 제어되고, 완전한 행위자이다.[16]

12 세 가지 행위(karma)가 있다.
① karma(行爲) : 행위에 대해 실체로서의 자아自我 개념이 결부되어 실행되는 행위, 실행되어야 할 의무적인 행위이다.
② akarma(無行爲) : 행위에 대해 실체로서의 자아 개념이 결부되었는지 여부와는 상관없이 행동 자체가 존재하지 않는 것, 즉 집착 없이 하는 행위이다.
③ vikarma(非行爲) : 행위에 대해 실체로서의 자아 개념이 결부되지 않은 채 시행되는 행위, 해서는 안 되는 그릇된 행위이다.

13 행위를 하지만 인위적이지 않음을 의미한다. 일을 하되 집착하지 않는 마음으로 하면 조금도 정신의 평형을 잃지 않는다.

14 '행위함이 없음'은 무위無爲로 행위함을 말한다. 즉 인위적인 행위함의 상반된 상황이다.

15 요기는 정신통일을 이룬 자로, 통일된 사람이며, 하나된 사람이며, 아트만과 하나된 사람으로 결합되어 하나됨을 의미한다.

16 행위에 대한 자세한 설명은 3장 4-7절 참조.

19...

yasya sarve samārambhāḥ
kāmasaṁkalpavarjitāḥ ।
jñānāgnidagdhakarmāṇaṁ
tam āhuḥ paṇḍitaṁ budhāḥ ॥

20...

tyaktvā karmaphalāsaṅgaṁ
nityatṛpto nirāśrayaḥ ।
karmaṇy abhipravṛtto 'pi
naiva kiñcit karoti saḥ ॥

21...

nirāśīr yatacittātmā
tyaktasarvaparigrahaḥ ।
śārīraṁ kevalaṁ karma
kurvan nāpnoti kilbiṣam ॥

19...
욕망이 없이 행위하며,
이기적인 목적이 없이 행위하며,
지혜의 불로 자신의 행위를 태워 버린 사람을
지혜로운 사람이라 부른다.

20...
결과에 대한 집착함이 없이 행위하는 사람은
어떠한 결과에도 언제나 만족한다.
좋고 나쁨이라는 결과에 의존[17]하지 않는 사람은
비록 행위를 할지라도 사실은 어떤 행위도(아무 것도) 하지 않는 셈이다.

21...
어떠한 결과를 기대하지 않고,
모든 소유욕을 버렸으며, 몸과 마음을 제어하고,
단지 필요한 최소한의 신체적 행위만을 하면
무엇을 한들 죄를 범함이 없다.

17 '의존'이란 행위의 결과에 대한 기대감을 말한다.

22...

yadṛcchālābhasaṁtuṣṭo
dvaṁdvātīto vimatsaraḥ ।
samaḥ siddhāv asiddhau ca
kṛtvāpi na nibadhyate ॥

23...

gatasaṅgasya muktasya
jñānāvasthitacetasaḥ ।
yajñāyācarataḥ karma
samagraṁ pravilīyate ॥

22...

구하고자 애쓰지 않고,
행위의 결과가 어떠하든, 주어지는 대로 만족하며,
모든 대립되는 양극[18]의 이원적 분별을 벗어나고,
남을 부러워하지 않으며, 성공과 실패를 하나로 보는 사람은
행위를 해도 행위에 구속되지 않는다.[19]

23...[20]

모든 집착이 사라져서 자유로우며,
마음을 자아를 아는 지혜에 굳게 세운 자가
오직 신께 바치는 제사를 목적으로 행위하기 때문에
어떤 행위도 모두 녹아 없어진다.[21]

---

18 '대립되는 양극'이란 좋아함과 싫어함, 선과 악, 기쁨과 슬픔 등과 같이 이원성의 분별을 벗어남을 의미한다.

19 '구속되지 않는다' : 이는 결과가 어떠하든지 간에 항상 만족한다는 말이다.

20 23-32절에서 제사(희생제의)의 상징적 가치를 말한다.

21 무슨 행위를 해도 그냥 행위 자체로 끝날 뿐, 결과에 집착하지 않는 순수한 행위를 말한다. 제사의 참뜻을 밝히고 있다. 어떤 행위도 다음 행위의 원인으로 연결되지 않는다.

24...

brahmārpaṇaṁ brahma havir
brahmāgnau brahmaṇā hutam ।
brahmaiva tena gantavyaṁ
brahmakarmasamādhinā ॥

25...

daivam evāpare yajñaṁ
yoginaḥ paryupāsate ।
brahmāgnāv apare yajñaṁ
yajñenaivopajuhvati ॥

24...

제물을 바치는 행위 자체가 브라만이요,
브라만에 의해 브라만의 불속에 바쳐진 제물도 브라만이다.
브라만에 의하여 브라만이 불속에 바쳐지는 것이다.
그와 같이 브라만에 바쳐진 행위에 전념하는 사람은
반드시 브라만에 이른다.[22]

25...[23]

어떤 수행자들은 신에게 제사를 바치며,
어떤 수행자들은 자신의 몸과 마음을
브라만의 불속에
제물로 바친다.[24]

---

22 여기서 '브라만'은 우주만물에 편재하는 궁극적인 실재이다. 모든 것이 브라만이기 때문이다. 자신의 모든 행위가 신의 행위임을 아는 사람은 브라만의 상태에 존재하게 될 것이다.

23 25-30절 : 제사의 다양한 양상들을 말한다.

24 에저튼(Franklin Edgerton)의 해석을 빌리면, 위의 수행자들이란 의례주의자들을 가리키고, 아래 수행자들은 브라만을 아는데 몰두하는 철학적 신비주의자들에 대한 비유적인 묘사라고 해석한다.

26...

śrotrādīnīndriyāṇy anye
saṁyamāgniṣu juhvati ।
śabdādīn viṣayān anya
indriyāgniṣu juhvati ॥

27...

sarvāṇīndriyakarmāṇi
prāṇakarmāṇi cāpare ।
ātmasaṁyamayogāgnau
juhvati jñānadīpite ॥

26...

또 어떤 수행자들은 청각 등과 같은 감각기관을[25]
제어의 불로 바치고,[26]
또 다른 수행자들은 소리 등의 감각대상을
감각기관의 불들[27]로 바친다.[28]

27...

또 어떤 수행자들은
모든 감각기관의 작용과 생명의 활동을
브라만의 지혜로
타오르는 자기통제(극기)의 불에 제물로 바친다.[29]

---

25 감각기관 : 안眼, 이耳, 비鼻, 설舌, 신身을 5관 또는 5근根이라고 한다. 5근(panca indriya)의 대상을 5경境이라 한다. 5경(panca visaya)을 오욕五欲이라고도 하는데, 이는 욕망을 일으키기 때문이다. 색(色, rupa), 성(聲, sabda), 향(香, gandha), 미(味, rasa), 촉(觸, sprastavya)이 5욕이다.

26 에저튼(Franklin Edgerton)의 해석을 빌리면, 이 수행자들은 모든 감각기관을 무력화하려는 금욕주의자이며, 결국 감각의 즐거움을 포기한다는 의미이다.

27 불들 : '불들'이라는 복수형을 쓴 것은 감각제어의 요가 방법이 서로 다르기 때문이다. 다라나(dharana, 집중), 디야나(dhyana, 명상), 사마디(samadhi, 삼매), 이 셋을 합해서 자제(自制, sanyama)라고 한다.

28 에저튼(Franklin Edgerton)의 해석에 따르면, 이 수행자들은 행위하되 초연함을 지닌 자들로서 감각기관의 대상과 관계를 맺지만, 집착없이 행위하는 자들이라고 한다.

29 자기통제를 통해서 모든 감각의 활동이 약화되어 마침내는 감각활동이 멈추게 되고, 호흡도 점차 고르게 되어 결국에는 멈추어 버리게 되는 상태를 말한다. 한편 에저튼(Franklin Edgerton)이 말하기를 이 수행자들은 모든 행위를 단념하는 상키야철학에 기초한 '이론의 요가(지혜의 요가)'를 실천하는 자들이라 한다.

28...

dravyayajñās tapoyajñā
yogayajñās tathāpare ।
svādhyāyajñānayajñāś ca
yatayaḥ saṁśitavratāḥ ॥

29...

apāne juhvati prāṇaṁ
prāṇe 'pānaṁ tathāpare ।
prāṇāpānagatī ruddhvā
prāṇāyāmaparāyaṇāḥ ॥

28...

어떤 수행자들은 재물을 바치기도 하고,
어떤 수행자들은 고행을 바치기도 하고,
어떤 수행자들은 요가를 제사로 바치며,
서원을 세워 맹세한 출가자들은
경전 독송과 지식을 제사로 바치기도 한다.

29...

또 어떤 수행자들은 호흡을 바친다.
날숨을 들숨에 바치며,[30] 들숨을 날숨에 바치며,[31]
또 날숨과 들숨의 흐름을 억제하는
호흡 수련을 최고의 목적으로 삼는다.

---

30 쿰바카kumbhaka의 하나로 숨을 들이쉰 다음 내쉬지 않는 상태인데 이를 푸라카puraka 쿰바카라고 하며, '날숨을 들숨에 바친다'고 말한 것이다.

31 위의 주석과 상관되는 내용이다. 숨을 내쉰 다음, 마시지 않고 멈추어 있음인데, 이를 레차카recaka 쿰바카라고 하며, '들숨을 날숨에 바친다'고 말한 것이다.

30...

apare niyatāhārāḥ
prāṇān prāṇeṣu juhvati ।
sarve 'py ete yajñavido
yajñakṣapitakalmaṣāḥ ॥

31...

yajñaśiṣṭāmṛtabhujo
yānti brahma sanātanam ।
nāyaṁ loko 'sty ayajñasya
kuto 'nyaḥ kurusattama ॥

30...

또 어떤 수행자들은 음식을 절제[32]하고,

호흡을 호흡에 제물로 바친다.[33]

이들은 진정한 제사의 의미를 아는 자들이며,

그렇게 제사를 바침으로써

그들의 모든 죄가 소멸된 자[34]들이다.

31...

제사 후에 얻어지는 음식을[35] 먹는 사람들은

영원한 브라만에 이른다.[36]

제사를 드리지 않는 사람들에게는 이 세상도 존재하지 않는데[37] 어찌 다른 세상이 어디에 있겠는가? 아르주나여,

32 사람이 음식을 억제하면 신진대사를 위한 산소의 필요량이 적어지기 때문에 호흡도 엷어진다. 음식을 절제한다는 것은 외부 대상에 대한 감각기관을 활동시키지 않는다는 뜻이 되며, 행동이나 생각이 관계하지 않음을 뜻한다(마하리쉬 마헤시).

33 '호흡을 호흡에 바친다' : 감각기관이 활동에 관계하지 않으려면 우선 신진대사를 줄여야 하며, 그것을 위해서 또 다시 호흡을 줄여야 한다. 크리슈나가 말한 호흡을 호흡에 바친다고 한 이유이다.

34 25-30절까지 말한 다양한 제사들은 영적 성장의 방법들이다. 모두 육체를 청정하게 하는 방법들이며 그러기 때문에 제사(yajna, 야즈나)라고 하는 것이다. 그러한 제사를 통해서 죄가 소멸된다.

35 자신들의 방식으로 제사를 완수하여 얻어지는 음식이 지혜의 감로甘露이다. 이것을 먹는 자는 영원한 브라만에 이를 수 있다. 지혜를 통해서 해탈에 이를 수 있음을 말한다.

36 제사 드린 후에 얻은 음식을 먹는 사람은 곧 제사를 드린 사람을 일컫는다.

37 제사를 드리지 않는 사람들은 이 세상에서도 즐거움을 얻지 못하는데, 하물며 어떻게 다른 세상에서 즐거움이 있겠느냐?

32...

evaṁ bahuvidhā yajñā
vitatā brahmaṇo mukhe ।
karmajān viddhi tān sarvān
evaṁ jñātvā vimokṣyase ॥

33...

śreyān dravyamayād yajñāj
jñānayajñaḥ parantapa ।
sarvaṁ karmākhilaṁ pārtha
jñāne parisamāpyate ॥

34...

tad viddhi praṇipātena
paripraśnena sevayā ।
upadekṣyanti te jñānaṁ
jñāninas tattvadarśinaḥ ॥

32...

이와 같이 다양한 제사가
브라만의 입 앞에 펼쳐져 있다.
이 모든 제사가 행위[38]에서 생겨나는 것임을 알아라.[39]
이것을 알면, 그대는 자유로워질 것이다.

33... (33-34절: 지혜를 닦는 것과 행위함)

재물을 바치는 제사보다
지혜의 제사가 더 낫다.
아르주나여,
모든 행위는 예외 없이 지혜에서 완성된다.

34...

겸손한 공경심을 갖고 순종하며, 삶의 진리를 질문하며,
스승을 받들어 섬기며 스승에게서 진리를 배워라.
진리를 보는 스승은
너에게 지혜의 진수를 가르쳐 줄 것이다.

---

38 여기서 '행위'라고 한 것은 정신적, 육체적, 영적인 활동을 의미한다.

39 제사를 바치려면 행동이 필요하다. 이론도 필요하지만 이론 자체가 결과가 되지는 못한다. 그래서 행동을 강조하는 것이다.

35...

yaj jñātvā na punar moham
evaṁ yāsyasi pāṇḍava ।
yena bhūtāny aśeṣeṇa
drakṣyasy ātmany atho mayi ॥

36...

api ced asi pāpebhyaḥ
sarvebhyaḥ pāpakṛttamaḥ ।
sarvaṁ jñānaplavenaiva
vṛjinaṁ saṁtariṣyasi ॥

37...

yathaidhāṁsi samiddho 'gnir
bhasmasāt kurute 'rjuna ।
jñānāgniḥsarvakarmāṇi
bhasmasāt kurute tathā ॥

38...

na hi jñānena sadṛśaṁ
pavitram iha vidyate ।
tat svayaṁ yogasaṁsiddhaḥ
kālenātmani vindati ॥

35... (35-38절: 지혜를 찬미하다)

아르주나여, 진리를 알면
더 이상 미혹되지 않을 것이다.
그러면 만물이 참나 안에 있음을 알게 될 것이며,
또한 참나 안에서, 또 나에게서 볼 것이다.

36...

그대가 비록 모든 죄인 가운데
가장 큰 죄인이라 할지라도,
진실로 이 지혜의 배에 의하여
모든 죄악의 바다를 건널 수 있다.

37...

아르주나여, 타는 불이
장작들을 재로 만들어 버리듯이,
지혜의 불은
모든 행위를 재로 만드느니라.

38...

이 세상에 지혜만한
정화 수단이 없다.
요가가 완성된 자는 시간이 지나 때가 되면
스스로 자기 안에서 이것을 발견하게 된다.

39...

śraddhāvāṁl labhate jñānaṁ
tatparaḥ saṁyatendriyaḥ ।
jñānaṁ labdhvā parāṁ śāntim
acireṇādhigacchati ॥

40...

ajñaś cāśraddadhānaś ca
saṁśayātmā vinaśyati ।
nāyaṁ loko 'sti na paro
na sukhaṁ saṁśayātmanaḥ ॥

41...

yogasaṁnyastakarmāṇaṁ
jñānasaṁchinnasaṁśayam ।
ātmavantaṁ na karmāṇi
nibadhnanti dhanaṁjaya ॥

42...

tasmād ajñānasaṁbhūtaṁ
hṛtsthaṁ jñānāsinātmanaḥ ।
chittvainaṁ saṁśayaṁ yogam
ātiṣṭhottiṣṭha bhārata ॥

39...(39-42절: 지혜를 얻기 위해서는 강한 믿음이 필요하다)

지혜를 얻는 것을 최고의 목표로 삼는 사람은
믿음을 갖고 전념하여 감각기관을 제어하며
머지않아 지혜를 얻는다.
지혜를 얻고 나면, 곧 지고의 평안에 이른다.

40...

그러나 무지한 사람, 믿음이 없는 사람,
의심이 가득한 사람들은 파멸에 이른다.
그들에게는 이 세상도 없고, 저 세상도 없고
결코 행복도 있을 수 없다.

41...

요가로 모든 행위를 포기하고,
지혜로 의혹을 잘라버리고,
늘 참나에 머무는 사람들은 어떤 행위를 하더라도
그의 행위에 구속되지 않는다. 아르주나여,

42...

그러므로 무지로부터 생겨난
그대 마음속에 머무는 의심을 지혜의 칼로 잘라 버려라.
그런 후, 요가에 전념하라.
이제, 일어나라. 바라타의 아들아.

제4장 [지혜의 요가]

제5장

진정한 포기의 요가

samnyāsa yoga

kāyena manasā buddhyā
kevalair indriyair api ।
yoginaḥ karma kurvanti
saṅgaṁ tyaktvā 'tmaśuddhaye ॥ 5.11

행위의 요가를 수행하는 수행자는
다만 몸과 마음과 지성과 감각기관들만으로 행위를 한다.
결과에 대한 집착을 버리고
자아를 정화하기 위하여 행위할 뿐이다. (5.11)

arjuna uvāca

1...

saṁnyāsaṁ karmaṇāṁ kṛṣṇa
punar yogaṁ ca śaṁsasi ।
yac chreya etayor ekaṁ
tan me brūhi suniścitam ॥

śrī bhagavān uvāca

2...

saṁnyāsaḥ karmayogaś ca
niḥśreyasakarāv ubhau ।
tayos tu karmasaṁnyāsāt
karmayogo viśiṣyate ॥

3...

jñeyaḥ sa nityasaṁnyāsī
yo na dveṣṭi na kāṅkṣati ।
nirdvaṁdvo hi mahābāho
sukhaṁ bandhāt pramucyate ॥

아르주나가 말했다.

1...

크리슈나여, 당신은 행위를 포기[1]할 것을 찬미하면서
또한 행위의 요가도 찬미하고 있습니다.
그 둘 중에 어느 것이 더 나은 것인지[2]
결정지어 말씀해 주십시오.

크리슈나가 말했다.

2... (2-12절: 상키야와 요가, 둘 다 지고한 목표에 이르게 한다)

행위의 포기도, 행위를 이행함도
둘 다 지고의 선에 이르게 한다.
그러나 이 둘 중에서
행위의 요가가 행위의 포기보다 더 낫다.

3...

아르주나여, 좋아하는 것도 없고 싫어하는 것도 없는 사람이
영원한 포기자(산야신)이다.
왜냐하면, 어떤 이원적 대립을 벗어난 사람은
모든 속박에서 자유로워지기 쉽기 때문이다.

---

1 '상키야요가' : 문자적으로 행위의 포기를 말한다. 크리슈나는 2장에서는 상키야요가를, 3장에서는 까르마요가를 가르쳤다. 여기서 아르주나의 질문이 그 둘 중에서 어느 길이 더 나은 길인지를 묻는다. 일반적으로 상키야요가 수행에는 세속적인 행위를 포기하고 산야신, 즉 은둔수행자가 되는 길이 포함되어 있다.

2 상카라가 말하기를, 아르주나의 이러한 질문은 참나를 깨닫지 못한 사람에게만 해당된다고 한다. 참나를 깨닫지 못한 사람에게는 행위하는 것이 무행위보다 좋기 때문이다.

4...

sāṁkhyayogau pṛthag bālāḥ
pravadanti na paṇḍitāḥ |
ekam apy āsthitaḥ samyag
ubhayor vindate phalam ||

5...

yat sāṁkhyaiḥ prāpyate sthānaṁ
tad yogair api gamyate |
ekaṁ sāṁkhyaṁ ca yogaṁ ca
yaḥ paśyati sa paśyati ||

6...

saṁnyāsas tu mahābāho
duḥkham āptum ayogataḥ |
yogayukto munir brahma
nacireṇā dhigacchati ||

4...

어리석은 자들은 '이론'과 '실천'[3]이 다르다고 하지만,
지혜로운 자는 그렇게 생각하지 않는다.
왜냐하면, 어느 하나만이라도 올바르게 전념하면,
양 쪽의 결과를 다 얻을 수 있기 때문이다.

5...

이론에 의해 도달하게 되는 경지는
실천에 의해서도 도달되어진다.[4]
이론과 실천을 하나[5]로 보는 사람이
바르게 보는 사람이다.

6...

아르주나여, 그러나 행위의 요가를 하지 않고는
행위의 완전한 포기에 도달하기 어렵다.[6]
행위의 요가에 전념하는 지혜로운 사람은
머지않아 브라만[7]에 도달한다.

3 '이론'은 상키야철학에 근거한 지식(앎)의 요가를 가리키며, '실천(yoga)'은 행위의 요가(카르마요가)를 가리킨다.
4 지식의 요가(상키야요가)가 도달하고자 하는 것과 행위의 요가(카르마요가)가 도달하고자 하는 것이 같다는 의미한다.
5 이론의 요가가 도달하고자 하는 것과, 행위의 요가가 도달하고자 하는 것이 똑같다는 의미이다.
6 진정한 포기는 행위의 요가(까르마요가를 통한 헌신의 길) 없이는 얻기 어렵다.
7 여기서 브라만은 산야신을 의미한다.

7...

yogayukto viśuddhātmā
vijitātmā jitendriyaḥ ।
sarvabhūtātmabhūtātmā
kurvann api na lipyate ॥

8...

naiva kiṁcit karomīti
yukto manyeta tattvavit ।
paśyañ śṛṇvan spṛśañ jighrann
aśnan gacchan svapañ śvasan ॥

9...

pralapan visṛjan gṛhṇann
unmiṣan nimiṣann api ।
indriyāṇī ndriyārtheṣu
vartanta iti dhārayan ॥

7...

행위의 요가에 전념하여 청정해진 사람은
마음과 감각기관들을 정복하여 자신을 정화시킨다.
그리하여 세상 만물 속에서 자신의 참나를 보며,
만물과 자신이 하나라는 사실을 깨닫는다.
모든 존재의 자아가 된, 그런 사람은
어떠한 행위를 하더라도 더렵혀지지 않는다.[8]

8...

이런 진리를 깨달은 사람은 무엇을 하든
"나는 아무 것도 하지 않는다."라고 생각한다.
왜냐하면 보고, 듣고, 만지고, 냄새 맡고,
먹고, 걷고, 자고, 숨 쉬고,

9...

말하고, 배설하고, 잡고, 눈을 떴다 감았다 하면서도
그러한 것들은 자기[9]가 하는 것이 아니라
다만 감각기관들이 감각대상들을 만나
반응하는 것일 뿐이라고 생각한다.

---

8 행위하되 집착없는 행위의 길을 실천하는 구체적인 지침이 뒤따른다.

9 간디는 "'자기'가 버티고 있는 한 어떠한 내버림도 이루어질 수 없다."고 말한다.

10...

brahmaṇy ādhāya karmāṇi
saṅgaṁ tyaktvā karoti yaḥ ।
lipyate na sa pāpena
padmapatram ivā 'mbhasā ॥

11...

kāyena manasā buddhyā
kevalair indriyair api ।
yoginaḥ karma kurvanti
saṅgaṁ tyaktvā 'tmaśuddhaye ॥

12...

yuktaḥ karmaphalaṁ tyaktvā
śāntim āpnoti naiṣṭhikīm ।
ayuktaḥ kāmakāreṇa
phale sakto nibadhyate ॥

10...

결과에 대해 집착하지 않고, 모든 행위를 브라만에 바치는
제사로 여기며 행위하는 사람은
마치 연잎이 물에 있으면서도 젖지 않듯이,[10]
악에 더럽혀지지 않는다.

11...

행위의 요가를 수행하는 수행자는
다만 몸과 마음과 지성과 감각기관들만으로 행위를 한다.[11]
결과에 대한 집착을 버리고
자아를 정화하기 위하여 행위할 뿐이다.

12...

행위의 요가로 제어된[12] 자는
행위의 결과에 대한 집착을 포기하고 영원한 평화를 얻는다.
하지만 제어되지 않은 사람은
욕망을 추구하는 까닭에
결과에 집착함으로써 자신의 행동에 얽매인다

---

10 연잎이 물에 젖지 않는 것은 연잎 자체에서 젖지 않는 성질을 길러내어 가지고 있는 것이지, 누군가가 연잎이 젖지 않도록 해준 것이 아니다.

11 이는 '나'라는 이기적인 생각이 없다는 의미이다.

12 제어된 사람(yukta)이란 요가행자를 말하며, 참나와 하나된 자라고도 말할 수 있다.

13...

sarvakarmāṇi manasā
saṁnyasyāste sukhaṁ vaśī ।
navadvāre pure dehī
naiva kurvan na kārayan ॥

14...

na kartṛtvaṁ na karmāṇi
lokasya sṛjati prabhuḥ ।
na karmaphalasaṁyogaṁ
svabhāvas tu pravartate ॥

13... (13-23: 깨달음에 이른 자아)

마음으로 행위의 결과를 포기하고
육신의 소유주는 아홉 문이 있는 성城[13]안에서
행복하게 있다.
그는 육체를 움직이기는 하지만, 자신은 전혀 행위하지 않고
결코 행위를 해야 한다며 시키지도 않는다.[14]
다만 물질적 본성(프라크리티)이 저절로 활동하는 것이다.[15]

14...

몸의 주인[16]은
행위자가 아니며,
행위를 하도록 하지도 않으며,
행위와 그의 결과를 결부시키지도 않는다.

13 '아홉 문이 있는 성城'이란 인간의 몸(육체)을 말한다. 외부세계와 접촉하는 신체의 아홉 개의 기관으로 두 눈, 두 귀, 두 콧구멍, 입, 항문, 생식기 등의 아홉 개의 구멍(9규竅)을 말한다,

14 참나는 행위하지 않는다는 의미이다.

15 물질적 본성이 저절로 활동하는 것 : 이는 자연스럽게, 타고난 본성의 활동에 따라 행위가 스스로 일어나게 된다는 것이다.

16 주인(육신의 소유주)은 참나이다. 물질적인 본성은 근본원질(프라크리티)을 말한다.

15...

nādatte kasyacit pāpaṁ
na caiva sukṛtaṁ vibhuḥ ।
ajñānenāvṛtaṁ jñānaṁ
tena muhyanti jantavaḥ ॥

16...

jñānena tu tad ajñānaṁ
yeṣāṁn āśitam ātmanaḥ ।
teṣām ādityavaj jñānaṁ
prakāśayati tat param ॥

17...

tadbuddhayas tadātmānas
tanniṣṭhās tatparāyaṇāḥ ।
gacchanty apunarāvṛttiṁ
jñānanirdhūtakalmaṣāḥ ॥

15...

주인[17]은 어떤 사람의 악도 받지 않으며,
선도 받지 않는다.[18]
사람들이 자기가 행위자라고 믿고 선과 악을 행하고,
그래서 그 행위와 결과를 결부하여 판단하며
미혹의 늪에서 헤매게 되는 까닭은
무지[19]의 장막에 의해서 지혜가 가려져 있을 뿐이다.

16...

그러나 그러한 무지의 장막을
지혜로 소멸시킨 사람에게는
태양이 만물의 아름다움을 드러내 주는 것처럼
그 지혜의 빛이 지고의 존재[20]를 밝게 드러내준다.

17...

지고한 존재에 지성과 마음을 집중시키고,
지고한 존재와 하나로 있으며,
지고한 존재 안에 머물고,
지고한 존재만을 궁극의 목표로 삼는 사람은
그 지혜로 모든 죄업이 씻겨져
환생하지 않는 곳으로 간다.[21]

17 여기서의 '주인'은 참자아 '아트만'을 가리키며, 동시에 브라만, 혹은 크리슈나를 가리킬 수도 있다.
18 어떤 사람의 선행이나 악행에 영향받지 않는다는 의미이다.
19 무지는 자신의 내면에 있는 참나를 깨달을 때 사라진다.
20 '지고의 존재'는 곧 '브라만'을 가리킨다.
21 '환생(되돌아옴)이 없음'이란 환생의 고리에서 벗어난다는 의미이다.

18...

vidyāvinayasaṁpanne
brāhmaṇe gavi hastini ।
śuni caiva śvapāke ca
paṇḍitāḥ samadarśinaḥ ॥

19...

ihaiva tair jitaḥ sargo
yeṣāṁ sāmye sthitaṁ manaḥ ।
nirdoṣaṁ hi samaṁ brahma
tasmād brahmaṇi te sthitāḥ ॥

20...

na prahṛṣyet priyaṁ prāpya
nodvijet prāpya cāpriyam ।
sthirabuddhir asaṁmūḍho
brahmavid brahmaṇi sthitaḥ ॥

18... (18-29: 브라만과 열반)

지혜로운 자는
지식과 예절을 갖춘 바라문이든,
소든, 코끼리든,
개를 먹는 불가촉천민까지도
만물을 평등하게 본다.[22]

19...

이렇게 만물을 평등하게 보는 사람은
이 세상에서 윤회가 극복된 사람들이다.
왜냐하면 이미 그의 마음이 모든 허물과 차별에서 벗어나 있는 지고한 존재, 브라만 안에 안주하기 때문이다.

20...

좋아하는 것을 얻어도 크게 기뻐하지 않고,
싫어하는 것을 얻어도 불쾌하게 여기지 않는다.
그처럼 확고한 지혜를 지녔기에 미혹되지 않으며,
그의 마음이 참자아 브라만 안에 머무는 사람이기 때문이다.

22 만물을 평등하게 본다는 것은 외적인 모양이 아니라 만물 안에 있는 지고한 존재를 본다는 것이다. 이는 곧 만물 속에 영원한 것이 다 같이 있음을 말한다.

21...

bāhyasparśeṣv asaktātmā
vindaty ātmani yat sukham ।
sa brahmayogayuktātmā
sukham akṣayam aśnute ॥

22...

ye hi saṁsparśajā bhogā
duḥkhayonaya eva te ।
ādyantavantaḥ kaunteya
na teṣu ramate budhaḥ ॥

23...

śaknotīhaiva yaḥ soḍhuṁ
prāk śarīravimokṣaṇāt ।
kāmakrodhodbhavaṁ vegaṁ
sa yuktaḥ sa sukhī naraḥ ॥

21...

브라만 안에 머무는 사람은
감각대상과의 접촉에 집착하지 않고,
자아로 존재함에서 기쁨을 찾으며
요가를 통해 브라만과 하나됨을 얻은 자로서
불멸의 행복을 누린다.

22...

감각대상과의 접촉에서 오는 쾌락은
바로 모든 괴로움의 원천이 될 뿐이다.
그것들은 시작과 끝이 있기 때문에
지혜로운 사람들은 그런 것들을 추구하지 않는다.
아르주나여,

23...

이 세상에서[23], 죽기 전에
욕망과 분노에서 오는 충동을 견딜 수 있는 사람은
진정으로 제어된 요가수행자,
즉 브라만과 하나됨을 얻은 자이며, 행복한 사람이다.

23 이 세상에서 : 육신에서 해방되기 전을 말하며, 이는 곧 태어나 죽기 전을 말한다.

24...

yo'ntaḥsukho 'ntarārāmas
tathāntarjyotir eva yaḥ ।
sa yogī brahmanirvāṇaṁ
brahmabhūto 'dhigacchati ॥

25...

labhante brahmanirvāṇam
ṛṣayaḥ kṣīṇakalmaṣāḥ ।
chinnadvaidhā yatātmānaḥ
sarvabhūtahite ratāḥ ॥

26...

kāmakrodhaviyuktānāṁ
yatīnāṁ yatacetasām ।
abhito brahmanirvāṇaṁ
vartate viditātmanām ॥

24... (24-29절: 내면의 평화)

자신의 내면[24]에서 행복을 발견하고,
그 안에서 기쁨을 얻고,
내면에 지혜의 빛을 지닌 자만이
요가행자로서 브라만과 하나가 되어
브라만의 열반에 이른다.[25]

25...

죄업이 자기에게 있음이 아님을 깨닫고,
상대적인 분별심이 사라지니
옳고 그름의 의심이 끊어지고,
스스로 마음을 잘 제어하여 자아에 안주하고,
모든 존재의 행복을 기뻐하는 지혜로운 자는
브라만의 열반에 이르게 된다.

26...

욕망과 분노에서 벗어나,
마음이 엄격히 제어되고,
자아를 아는 수행자들에게
브라만 열반은 가까이 있다.

24 '내면'은 참나를 가리킨다.
25 요가수행자는 신과 하나되어 그 안에서 영원한 해탈, 영원한 평안을 얻는다.

27...

sparśān kṛtvā bahir bāhyāṁś
cakṣuś caivāntare bhruvoḥ ।
prāṇāpānau samau kṛtvā
nāsābhyantaracāriṇau ॥

28...

yatendriyamanobuddhir
munirmokṣaparāyaṇaḥ ।
vigatecchābhayakrodho
yaḥ sadā mukta eva saḥ ॥

29...

bhoktāraṁ yajñatapasāṁ
sarvalokamaheśvaram ।
suhṛdaṁ sarvabhūtānāṁ
jñātvā māṁ śāntimṛcchati ॥

27...
외부와의 접촉을 멀리하고,
두 눈썹 사이에 시선을 고정시키고,
코를 통해 드나드는
들숨과 날숨을 고르게 하고,

28...
감각기관과 마음과 지성의 활동을 제어하며,
해탈을 최고 목표로 삼아
욕망과 두려움과 분노에서 자유로워진 성자는
진실로 해탈한 사람이다.

29...
나를 제사와 고행을 즐기는 자, 즉 향수자享受者로,
나를 세계의 주인, 즉 대주재자大主宰者로,
나를 살아있는 모든 존재들의 벗으로,
그와 같이 아는 자는 평안에 이른다.

제5장 [진정한 포기의 요가]

제6장

명상의 요가
ātmasaṁyama yoga

sarvabhūtasthitaṁ yo māṁ
bhajaty ekatvam āsthitaḥ |
sarvathā vartamāno'pi
sa yogī mayi vartate || 6.31

나와 합일상태에 이른 요가행자는
모든 존재 속에 깃들어 있는 나를 존귀하게 여긴다.
그러한 요가행자가 이 세상에서 어떻게 살더라도
언제나 내 안에 사는 것이다. (6.31)

śrībhagavān uvāca

1...

anāśritaḥ karmaphalaṁ
kāryaṁ karma karoti yaḥ ।
sa saṁnyāsī ca yogī ca
na niragnirna cākriyaḥ ॥

2...

yaṁ saṁnyāsam iti prāhur
yogaṁ taṁ viddhi pāṇḍava ।
na hy asaṁnyastasaṁkalpo
yogī bhavati kaścana ॥

3...

ārurukṣor muner yogaṁ
karma kāraṇam ucyate ।
yogārūḍhasya tasyaiva
śamaḥ kāraṇam ucyate ॥

크리슈나가 말했다.

1... (1-2 : 포기함과 행위함은 하나다)

행위의 결과에 집착하지 않고 마땅히 해야 할 일을
하는 사람, 그가 바로 진정한 포기자[1]이며, 수행자이다.
제사의 불을 피우지도 않고
제사도 드리지 않는 사람은 포기자가 아니다.[2]

2...

아르주나여,
포기라고 하는 것이 곧 요가임을 알아라.[3]
이기적인 목적의식을 버리지 않고서는
아무도 요가행자가 될 수 없다.

3... (3-9절: 구도의 길과 마지막 도착지)

요가의 경지에 오르고자 하는 구도자에게는
행위함[4]이 중요한 수단이다.
이미 요가의 경지에 도달한 자에게는
고요함(寂靜)이 수단이다.

1 포기자(saṃnyāsin) : 버림, 포기함, 떠남을 의미한다. '포기자'란 세속적인 욕심을 버리고 고행과 명상에 전념하는 수행자를 일컫는다.

2 재물을 바치거나, 제사를 행하는 것이 일상적인 행위인데, 그러한 일을 모두 놓아버림이 포기자이지 않다는 의미이다.

3 포기는 이기적인 욕망이 없이 행위함을 말한다. 이는 곧 요가이다. 결론적으로 포기가 곧 요가이다.

4 결과에 대한 어떠한 집착함이 없이 욕망을 포기하며 하는 행위이다.

4...

yadā hi ne'ndriyārtheṣu
na karmasv anuṣajjate ।
sarvasaṁkalpasaṁnyāsī
yogārūḍhas tadocyate ॥

5...

uddhared ātmanātmānaṁ
nātmānam avasādayet ।
ātmaiva hy ātmano bandhur
ātmaiva ripur ātmanaḥ ॥

6...

bandhur ātmātmanas tasya
yenātmaivātmanā jitaḥ ।
anātmanas tu śatrutve
vartetātmaiva śatruvat ॥

4...

감각대상에 집착하지 않고,
행위의 결과에 대해서도 집착하지 않고,
모든 욕망을 포기할 때,
요가의 경지에 도달하였다고 일컫는다.

5...

자신(마음)이 자신(아트만)을 높여야 하지,
자신이 자신을 낙담시켜서는 안 된다.
왜냐하면 마음이 자신의 유일한 친구이자
마음이 바로 자신의 적이기 때문이다.[5]

6...

자신이 자신(마음)을 정복한 사람에게는[6]
자신은 아트만의 친구이다.
하지만 자신이 자신을 정복하지 못한 사람에게는[7]
자신(마음)은 적과 같이 자신에게 적대행위를 한다.

---

5 자신의 내면에 있는 참나(ātman)와 마음(manas)에 관한 내용(5-9절까지).

6 '자신이 자신에 의해 정복된 사람'이란 '참자아에 의해 에고의식이 정복된 사람'을 의미한다.

7 자신에게 존재하는 참자아(아트만)을 찾지 못한 사람을 말한다.

7...

jitātmanaḥ praśāntasya
paramātmā samāhitaḥ ।
śītoṣṇasukhaduḥkheṣu
tathā mānāpamānayoḥ ॥

8...

jñānavijñānatṛptātmā
kūṭastho vijitendriyaḥ ।
yukta ity ucyate yogī
samaloṣṭāśmakāñcanaḥ ॥

9...

suhṛnmitrāryudāsīna
madhyasthadveṣyabandhuṣu ।
sādhuṣv api ca pāpeṣu
samabuddhir viśiṣyate ॥

7...

자신의 마음[8]을 정복하여 평안해진 사람은
추위나 더위, 즐거움과 괴로움,
명예와 치욕에도
흔들림 없이 마음이 평정상태에 머문다.

8...

아트만에 대한 지혜와 식별력이
충만하여 흔들리지 않고,
감각기관들을 정복한 자를 제어된 자라고 한다.
그러한 요가행자는
흙과 돌과 황금을 모두 평등하게 본다.

9...

친구에게나 동료에게나 적에게나,
낯선 자에게나 중립적인 자에게나,
미운 자에게나, 친족에게나,
선한 자에게나, 악한 자에게나
한결 같이 평등한 마음을 지닌 자,
바로 그는 뛰어난 사람이다.

8 에고의식을 일컫는다.

10...

yogī yuñjīta satatam
ātmānaṁ rahasi sthitaḥ ।
ekākī yatacittātmā
nirāśīr aparigrahaḥ ॥

11...

śucau deśe pratiṣṭhāpya
sthiram āsanam ātmanaḥ ।
nātyucchritaṁ nātinīcaṁ
cailājinakuśottaram ॥

12...

tatraikāgraṁ manaḥ kṛtvā
yatacittendriyakriyaḥ ।
upaviśyāsane yuñjyād
yogam ātmaviśuddhaye ॥

10... (10-17절: 몸과 마음을 넘어선 불멸의 경지가 필수적이다)
수행자는 고요함 속에 홀로 머물면서
몸과 마음을 제어하고, 어떠한 욕망도 없고,
물질적인 소유에 대하여 집착하는 바 없이
수행 정진해야 한다.[9]

11...
깨끗한 장소에
너무 높지도 않고 너무 낮지도 않게
자신만의 자리를 마련하고
그 자리에 고운 풀이나 사슴가죽이나 천을 깔고
흔들림 없이 고정된 자세로 앉는다.

12...
그 자리에 편안하게 앉아 마음을 한 곳에 모으고
생각과 감각기관의 활동을 제어하며
하나의 대상에 집중하도록 하라.
그렇게 자신의 정화를 위해 요가를 수행하도록 한다.

9 1-19절까지 명상 수행을 위한 지침들에 관한 내용이다.

13...

samaṁ kāyaśirogrīvaṁ
dhārayann acalaṁ sthiraḥ ।
saṁprekṣya nāsikāgraṁ svaṁ
diśaś cānavalokayan ॥

14...

praśāntātmā vigatabhīr
brahmacārivrate sthitaḥ ।
manaḥ saṁyamya maccitto
yukta āsīta matparaḥ ॥

15...

yuñjann evaṁ sadātmānaṁ
yogī niyatamānasaḥ ।
śāntiṁ nirvāṇaparamāṁ
matsaṁsthāmadhigacchati ॥

13...

몸과 머리와 목을 일직선으로 곧게 세우고
움직이지 않게 안정되게 앉아서,
사방을 둘러보지 말고
시선을 코끝에 고정시킨다.[10]

14...

평온한 마음으로 두려움을 버리고,
구도자로서 금욕의 계행을 엄격히 지키고,
마음을 제어하며, 나만을 생각하며
나에게 헌신한 제어된 자로 앉아 있어라.[11]

15...

이와 같이 끊임없이 수행하는 요가행자는
그의 마음이 제어되므로 내 안에 있는 참나와 하나되어
궁극적인 열반(涅槃, 니르바나),
곧 완전한 평안에 이를 것이다.

10 감각기관 중에서 가장 많이 활동하는 것이 눈이다. 그래서 눈이 안정되면 다른 감각기관도 안정된다. 감각기관은 마음으로 인하여 움직인다. 또 마음의 활동은 숨과 관계가 있다. 그러므로 마음과 감각기관과 숨을 일치시키기 위해 코끝에 집중하라고 한다. 그 코끝은 시선과 숨이 만나는 곳이다. 그런 결과로 마음과 감각기관과 호흡 활동 사이에 일치가 이루어지고 모든 비정상적인 작용이 없어지게 된다. 결국 마음이 안정되어 한 점에 이르게 된다(마하리시 마헤시).

11 이 절은 집중하여 감각기관의 활동이 제어되어, 모든 욕망과 집착이 버려지고 완전히 집중되어 수행하는 상태를 뜻한다.

16...

nātyaśnatas tu yogo 'sti
na caikāntam anaśnataḥ ।
na cātisvapnaśīlasya
jāgrato naiva cārjuna ॥

17...

yuktāhāravihārasya
yuktaceṣṭasya karmasu ।
yuktasvapnāvabodhasya
yogo bhavati duḥkhahā ॥

18...

yadā viniyataṁ cittam
ātmany evāvatiṣṭhate ।
niḥspṛhaḥ sarvakāmebhyo
yukta ity ucyate tadā ॥

16...

아르주나여,
요가는 음식을 지나치게 많이 먹거나
지나치게 적게 먹는 사람,
그리고 잠을 지나치게 많이 자거나
지나치게 잠자지 않는 사람에게는 있을 수 없다.

17...

음식과 휴식을 절제하고,
행위함에서 행동을 절제하고,
잠자는 것과 깨어 있음을 절제하는 사람에게
모든 고통을 소멸하는 요가가 있다.

18...[12]

마음이 잘 제어되어
모든 욕망을 향한 갈망에서 자유로워지고,
마음이 오로지 아트만에만 머물고 있을 때,
그 때를 요가의 궁극적인 경지에 도달했다고 한다.[13]

---

12 18-32절에서 완벽한 요가행자의 특징을 말한다.

13 요가의 궁극적인, 지고의 경지는 아트만(참나)과 하나가 되었음을 말한다.

19...

yathā dīpo nivātastho
ne'ṅgate sopamā smṛtā ।
yogino yatacittasya
yuñjato yogamātmanaḥ ॥

20...

yatroparamate cittaṁ
niruddhaṁ yogasevayā ।
yatra caivātmanātmānaṁ
paśyann ātmani tuṣyati ॥

21...

sukham ātyantikaṁ yat tad
buddhigrāhyam atīndriyam ।
vetti yatra na caivāyaṁ
sthitaś calati tattvataḥ ॥

22...

yaṁ labdhvā cāparaṁ lābhaṁ
manyate nādhikaṁ tataḥ ।
yasmin sthito na duḥkhena
guruṇāpi vicālyate ॥

19...

바람없는 곳에 놓인 등불은 흔들리지 않듯이,
마음을 제어하고
자신(아트만)과 하나되기 위하여 요가를 수행하는
요가행자의 마음도 흔들리지 않는다.

20...

요가 수행으로 마음이 제어되어 완전히 고요할 때,
참나는 스스로 자신을 드러내게 되고,
그러한 수행자는 참나의 눈으로 참나를 보면서
참나 안에서 만족하게 된다.[14]

21...

요가수행자가 감각기관을 초월하여
지혜만으로 알 수 있는 무한한 기쁨을 경험한다.
즉 참나 안에 머물러
그 진리를 절대로 벗어나지 않는다.

22...

그러한 상태에 한번 도달하고 나면
다른 어떠한 것이 얻어진들
그보다 더 높다고 생각하지 않는다.
그 안에 굳게 서게 되면
어떠한 큰 고난에도 동요하지 않는다.

---

14 20-32절까지 명상 수행의 목적에 관한 내용이다.

23...

taṁ vidyād duḥkhasaṁyoga
viyogaṁ yogasaṁjñitam ।
sa niścayena yoktavyo
yogo'nirviṇṇacetasā ॥

24...

saṁkalpaprabhavān kāmāṁs
tyaktvā sarvān aśeṣataḥ ।
manasaivendriyagrāmaṁ
viniyamya samantataḥ ॥

25...

śanaiḥ śanair uparamed
buddhyā dhṛtigṛhītayā ।
ātmasaṁsthaṁ manaḥ kṛtvā
na kiṁcidapi cintayet ॥

23...

모든 고통과의 연결을 단절시켜서
고통에서 벗어나게 하는 것,
요가라고 하는 것이다.
확고한 마음과 열정을 가지고
요가를 수행해야 한다.

24...

분별하는 마음 때문에 생기는 모든 이기적인 욕망들을
남김없이 떨쳐 버리고
그리고 이리저리 움직이는
감각기관을 마음으로 제어하도록 하라.

25...

확고한 지성으로
감각대상에서 마음을 서서히 거두어들여
마음은 참나(아트만)에 머물게 하고,
다른 어느 것들도 생각하지 않는다.[15]

15 참나(아트만) 안에 온전히 하나가 되려는 마음을 지켜나가도록 강조하고 있다.

26...

yato yato niścarati
manaś cañcalam asthiram ।
tatastato niyamyaitad
ātmanyeva vaśaṁ nayet ॥

27...

praśāntamanasaṁ hy enaṁ
yoginaṁ sukham uttamam ।
upaiti śāntarajasaṁ
brahmabhūtam akalmaṣam ॥

28...

yuñjann evaṁ sadātmānaṁ
yogī vigatakalmaṣaḥ ।
sukhena brahmasaṁsparśam
atyantaṁ sukham aśnute ॥

26...

흔들리고 불안정한 마음이
외적인 대상을 향해서 이리저리 방황할 때
그때마다 마음을 제어하여
마음을 참나에 머물도록 하라.

27...

마음이 완전히 고요해지고,
격정이 가라앉았으며,
죄나 허물이 없이 브라만과 하나가 된
요가행자에게는 내면의 기쁨이 찾아온다.

28...

항상 자신을 꾸준히 수행하여[16]
허물이 사라진 요가행자는
어렵지 않게 브라만과의 합일에 이르게 되어
무한한 기쁨을 쉽사리 경험한다.

16 마음이 참나와 하나가 되고자 수행 정진하는 의미이다.

29...

sarvabhūtastham ātmānaṁ
sarvabhūtāni cātmani ।
īkṣate yogayuktātmā
sarvatra samadarśanaḥ ॥

30...

yo māṁ paśyati sarvatra
sarvaṁ ca mayi paśyati ।
tasyāhaṁ na praṇaśyāmi
sa ca me na praṇaśyati ॥

31...

sarvabhūtasthitaṁ yo māṁ
bhajaty ekatvam āsthitaḥ ।
sarvathā vartamāno 'pi
sa yogī mayi vartate ॥

29...

요가로 제어된 사람은
모든 존재에서 아트만을 보며,
아트만 안에서 모든 존재를 본다.
그는 어디서나 모든 것들을 평등하게 본다.[17]

30...

이와 같이 어디서든지 만물 속에서 나를 보며
모든 것을 내 안에서 보는 사람,
결코 나는 그에게서 분리되지 않으며
그도 나에게서 분리되지 않는다.[18]

31...

나와 합일상태에 이른 요가행자는
모든 존재 속에 깃들어 있는 나를 존귀하게 여긴다.
그러한 요가행자가 이 세상에서 어떻게 살더라도
언제나 내 안에 사는 것이다.

17 브라만(자아) 안에서 만물의 통일성을 말하는데 반하여, 여기서는 인격신 안에서의 통일성을 강조하고 있다.

18 이는 곧 나와 아트만과의 '하나임'을 강조한다.

32...

ātmaupamyena sarvatra
samaṁ paśyati yo 'rjuna ।
sukhaṁ vā yadi vāduḥkhaṁ
sa yogī paramo mataḥ ॥

arjuna uvāca

33...

yo 'yaṁ yogastvayā proktaḥ
sāmyena madhusūdana ।
etasyāhaṁ na paśyāmi
cañcalatvāt sthitiṁ sthirām ॥

34...

cañcalaṁ hi manaḥ kṛṣṇa
pramāthi balavad dṛḍham ।
tasyāhaṁ nigrahaṁ manye
vāyoriva suduṣkaram ॥

32...

아르주나여,

모든 존재들을 자신과 동일하게 보고,

그들의 즐거움과 아픔을

자신의 즐거움과 아픔으로 여기는 사람은

높은 경지에 이른 요가행자이다.

아르주나가 말했다.

33...

크리슈나여,

당신께서 평등함이라고 말씀하신 이 요가의 확고한 경지를

저는 계속 불안정하게 움직이는 마음 때문에

볼 수가 없습니다.[19]

34...

크리슈나여,

마음은 참으로 불안정하고

길들여지지 않아 거칠고 완고합니다.

이러한 마음을 통제하려 하는 것은

마치 바람을 제어하는 것만큼이나 어렵다고 생각합니다.

19 '볼 수가 없다'는 것은 그러한 확고한 경지에 오를 수 있도록 요가수행을 지킬 수 없음을 말하고 있다.

śrī bhagavān uvāca

35...

asaṁśayaṁ mahābāho
mano durnigrahaṁ calam ।
abhyāsena tu kaunteya
vairāgyeṇa ca gṛhyate ॥

36...

asaṁyatātmanā yogo
duṣprāpa iti me matiḥ ।
vaśyātmanā tu yatatā
śakyo'vāptumupāyataḥ ॥

arjuna uvāca

37...

ayatiḥ śraddhayopeto
yogāc calitamānasaḥ ।
aprāpya yogasaṁsiddhiṁ
kāṁ gatiṁ kṛṣṇa gacchati ॥

크리슈나가 말했다.

35... (35-45절: 마음을 제어하기란 어렵지만 분명 가능하다)

아르주나여, 그렇다. 의심할 나위 없이
마음은 불안정한 것이고 제어하기가 어렵다.
하지만 끊임없이 수행함과
욕망을 버림으로써 분명히 마음을 붙들 수 있다.[20]

36...

마음이 제어되지 않고서는
요가를 성취하기가 어려운 일이다.
그러나 자신을 잘 다스리고 올바르게 수행하는 사람은
요가의 경지에 이를 수도 있다.

아르주나가 말했다.

37...

크리슈나여,
믿음은 있으나 흔들리는 마음을 다스릴 수 없어서
수행의 길에서 멀어져,[21]
요가의 완성을 얻지 못한 사람은
어떤 길을 가게 되는가요?

---

20 흔들리고 있는 아르주나에게 크리슈나는 수행과 이욕의 실천이 마음을 제어할 수 있다고 강조한다.

21 수행의 길에서 이탈하여 : 마음이 요가에서 떠나 있음을 의미한다.

38...

kaccin nobhayavibhraṣṭaś
chinnābhram iva naśyati ।
apratiṣṭho mahābāho
vimūḍho brahmaṇaḥ pathi ॥

39...

etan me saṁśayaṁ kṛṣṇa
chettum arhasy aśeṣataḥ ।
tvadanyaḥ saṁśayasyāsya
chettā na hy upapadyate ॥

śrī bhagavān uvāca

40...

pārtha naiveha nāmutra
vināśas tasya vidyate ।
na hi kalyāṇakṛt kaścid
durgatiṁ tāta gacchati ॥

38...
이 두 가지 길 모두[22]에서 벗어나
조각난 구름처럼 그냥 흩어져 버리듯이
설 곳을 잃은 사람은
브라만으로 가는 길에서 혼미해져 멸망하지 않겠습니까?
크리슈나여,
요가도, 세속의 즐거움도 얻지 못한 채 말입니다.

39...
크리슈나여,
저의 이러한 의심을 남김없이 풀어 주십시오.
이러한 저의 의심을 풀어 줄 사람은
오직 당신밖에 없습니다.

크리슈나가 말했다.
40...
아르주나여,
그런 사람[23]은
이 세상에서도
다음 세상에서도 결코 멸망하지 않는다.
선행하는 사람은
아무도 불행에 빠지지 않기 때문이다.

22 포기의 요가와 행위의 요가, 이 두 요가의 길을 가리킨다.
23 믿음은 가졌으나 의지력이 부족하여 요가의 길에서 벗어나 있는 사람을 가리킨다.

41...

prāpya puṇyakṛtāṁ lokān
uṣitvā śāśvatīḥ samāḥ ।
śucīnāṁ śrīmatāṁ gehe
yogabhraṣṭo'bhijāyate ॥

42...

athavā yoginām eva
kule bhavati dhīmatām ।
etad dhi durlabhataraṁ
loke janma yad īdṛśam ॥

43...

tatra taṁ buddhisaṁyogaṁ
labhate paurvadehikam ।
yatate ca tato bhūyaḥ
saṁsiddhau kurunandana ॥

44...

pūrvābhyāsena tenaiva
hriyate hy avaśo'pi saḥ ।
jijñāsur api yogasya
śabdabrahmātivartate ॥

41...

요가수행 도중에 실패한 사람은[24]
선행한 사람들이 가 있는 세계에 가서
그곳에서 오랫동안 머물다가,
때가 되면, 고결하고 저명한 집안에 다시 태어난다.

42...

또는 지혜로운 수행자 가문에
태어날 수도 있다.
그러나 이러한 탄생은
매우 드문 일이다.

43...

아르주나여, 태어난 후에 그는
전생에 자신이 도달했던 지혜의 수준과 결합하고,
그리고 그 지점부터 다시 완전한 성취를 이루기 위해
예전보다 한층 더 노력하게 된다.

44...

전생에서 닦았던 수행의 힘에 의해
자신의 의지와 상관없이 그는 수행으로 이끌려진다.
심지어 단순히 요가가 무엇인지 알려고만 했어도
의미 없이 베다의식을 행하는 사람[25]을 뛰어넘는다.

24 요가수행을 하였으나 도중에 요가를 벗어나, 미처 최고의 경지에 도달하지 못한 사람을 말한다.

45...

prayatnād yatamānas tu
yogī saṁśuddhakilbiṣaḥ ।
anekajanmasaṁsiddhas
tato yāti parāṁ gatim ॥

46...

tapasvibhyo 'dhiko yogī
jñānibhyo 'pi mato 'dhikaḥ ।
karmibhyaś cādhiko yogī
tasmād yogī bhavārjuna ॥

47...

yoginām api sarveṣāṁ
madgatenāntarātmanā ।
śraddhāvān bhajate yo māṁ
sa me yuktatamo mataḥ ॥

45...

열심히 노력하는 요가행자(요기)는
모든 죄업이 정화되었고,
여러 생을 거치면서 수행이 완성되어서
마침내 지고의 경지에 이른다.

46...[26]

요가행자는 금욕주의를 지향하는 고행자들보다 위대하고,
경전 지식이 있는 자들보다 위대하며,
또한 제사의식을 실행하는 사람들보다 위대하다.
그러니 아르주나여, 요가행자가 되어
궁극적인 지고의 경지에 이르도록 해라.[27]

47...

모든 요가행자 중에서
믿음으로 나에게 헌신하며,
자신 내면의 자아[28]가 나에게 완전히 몰입하는 사람을
요가행자 중에서 가장 잘 제어된 최고의 요가행자로 여긴다.

제6장 [명상의 요가]

25 베다 의식을 행하는 사람 : 의미 없이 제사만 드리는 사람, 베다의 규율을 지키는 것, 또는 베다를 암송하는 것이나 베다를 인용하는 것을 의미한다.

26 46-47절에서 최고의 요가행자를 설명한다.

27 크리슈나는 아르주나에게 자신의 마음을 닦는 요가행자가 될 것을 강하게 권하고 있다.

28 참나, 즉 아트만을 일컫는다.

제7장

지혜와 통찰의 요가

jñānavijñāna yoga

jarāmaraṇamokṣāya
mām āśritya yatanti ye |
te brahma tad viduḥ kṛtsnam
adhyātmaṁ karma cākhilam || *7.29*

늙음과 죽음에서 자유로워지고자
오로지 나를 안식처로 의지하고 나에게 귀의하는 사람들은
브라만과 지고의 아트만과 행위(業)에 관한 모든 것을
깨닫게 된다. (7.29)

śrī bhagavān uvāca

1...

mayy āsaktamanāḥ pārtha
yogaṁ yuñjan madāśrayaḥ ।
asaṁśayaṁ samagraṁ māṁ
yathā jñāsyasi tacchṛṇu ॥

2...

jñānaṁ te 'haṁ savijñānam
idaṁ vakṣyāmy aśeṣataḥ ।
yaj jñātvā neha bhūyo 'nyaj
jñātavyam avaśiṣyate ॥

3...

manuṣyāṇāṁ sahasreṣu
kaścid yatati siddhaye ।
yatatām api siddhānāṁ
kaścin māṁ vetti tattvataḥ ॥

4...

bhūmir āpo 'nalo vāyuḥ
khaṁ mano buddhir eva ca ।
ahaṁkāra itīyaṁ me
bhinnā prakṛtir aṣṭadhā ॥

크리슈나가 말했다.

1...
아르주나여, 마음을 나에게 전념하고,
나만을 의지하면서 요가를 수행하도록 하라.
그러면 나의 모든 것을 의심하는 바 없이
바르게 알도록 내가 말해주겠다.

2...
나는 이제 그대에게
지혜와 통찰에 대해 남김없이 말해주겠다.
이것을 알면
이 세상에서 더 이상 알아야 할 것이 없으리라.

3...
수천 명의 사람들 가운데 한 명 정도가
성취에 이르기 위해 노력한다.
더군다나 노력하여 성취한 자들 중에서도
나를 진실로 아는 사람은 겨우 한 명 정도일 뿐이다.

4... (4-7절: 신神의 두 가지 본성)
흙, 물, 불, 바람,
공간, 마음, 지성, 자아의식.
이 여덟 가지가 나의 근본원질(프라크리티, 본성)을
구성하고 있는 것들이다.[1]

1 이와 같은 분류는 초기의 것이고, 후에는 24가지로 분류된다. 즉 다섯

5...

apareyam itas tv anyāṁ
prakṛtiṁ viddhi me parām ।
jīvabhūtāṁ mahābāho
yayedaṁ dhāryate jagat ॥

6...

etadyonīni bhūtāni
sarvāṇīty upadhāraya ।
ahaṁ kṛtsnasya jagataḥ
prabhavaḥ pralayas tathā ॥

7...

mattaḥ parataraṁ nānyat
kiñcid asti dhanañjaya ।
mayi sarvam idaṁ protaṁ
sūtre maṇigaṇā iva ॥

5...
이것은 나의 낮은 차원의 본성이다.
그러나 이것과 구별되는
나의 높은 차원의 생명의 본성이 있음을 알아라.
바로 그것이 이 세계를 유지하고 있는 힘이다.
아르주나여,

6...
이 두 가지가
우주 만물의 모태임을 알아라.
그리고 내가 바로 이 세계의 생성의 원인이며,
또한 소멸의 원인이다.

7...
아르주나여, 세상에는 나보다 더 높은
다른 어떤 것도 존재하지 않는다.[2]
진주알들이 실에 꿰어 있는 것처럼,
이 모든 세계는 나와 연결되어져 있다.

감각기관(色, 聲, 香, 味, 觸)과 마음(識)과 이성과 5근(眼, 耳, 鼻, 舌, 身)과 마음(manas)과 붓디(감각분별력)는 낮은, 즉 물질적 프라크리티이다.

2 이는 크리슈나의 높은 차원의 본성, 즉 내적인 본성이 우주의 최고의 원인이라는 뜻이다.

8...

raso'ham apsu kaunteya
prabhāsmi śaśisūryayoḥ ।
praṇavaḥ sarvavedeṣu
śabdaḥ khe pauruṣaṁ nṛṣu ॥

9...

puṇyo gandhaḥ pṛthivyāṁ ca
tejaś cāsmi vibhāvasau ।
jīvanaṁ sarvabhūteṣu
tapaś cāsmi tapasviṣu ॥

10...

bījaṁ māṁ sarvabhūtānāṁ
viddhi pārtha sanātanam ।
buddhir buddhimatām asmi
tejas tejasvinām aham ॥

8...[3]

아르주나여,

나는 물에서는 맛이며, 달과 태양에서의 빛이며,

나는 모든 베다에 언급되는 '옴'이다.

나는 공간에서는 소리이며, 사람 속에 있는 성품이다.[4]

9...

나는 흙속의 달콤한 향기이고,

불속의 불길이며,

모든 존재에서의 생명이고,

고행자들에게서는 고행이다.

10...

아르주나여,

나를 모든 존재의 영원한 씨앗으로 알아라.

나는 지혜로운 자의 지혜이며,

덕德 있는 사람의 덕이다.

3 8-15절에서 우주 만물에 깃들어 있는 신성神性을 말한다.

4 맛, 빛, 옴, 소리, 인간성, 향기, 광채, 생명, 고행 등은 그 존재의 본질을 말한다.

11...

balaṁ balavatām cā 'haṁ
kāmarāgavivarjitam ।
dharmāviruddho bhūteṣu
kāmo 'smi bharatarṣabha ॥

12...

ye cāiva sāttvikā bhāvā
rājasās tāmasāś ca ye ।
matta eveti tān viddhi
na tv ahaṁ teṣu te mayi ॥

13...

tribhir guṇamayair bhāvair
ebhiḥ sarvam idaṁ jagat ।
mohitaṁ nābhijānāti
mām ebhyaḥ param avyayam ॥

11...
아르주나여,
나는 힘 센 자들의 힘이지만,
욕망과 집착이 없는 힘이다.[5]
또한 나는 모든 존재에 있는 욕망이지만,
모든 존재의 법도를 거스르지 않는 욕망이다.

12...
물질의 세 기운인 사트바, 라자스, 타마스도[6]
오직 나에게서 나온다는 것을 알아라.
그러나 나는 그것들 안에 있지 않으나
그것들이 내 안에 있다.

13...
나의 세 기운의 성질 때문에,
이 세상의 온갖 현상들이 벌어진다.
사람들은 그러한 현상에 미혹되어
그것들의 원인이며
불변의 나를 알아보지 못한다.

5 욕망이나 집착 : '까마라가'의 번역이다. '까마'는 성적인 욕망을 비롯하여 자기가 가지고 있지 않은 것을 갈망하는 욕망을 말하며, '라가'는 가지고 있는 것에 대한 애착 또는 집착을 일컫는다.
6 물질차원에서의 세 기운이다. 사트바는 밝고 순수한 기운이며, 라자스는 활동적인 기운이며, 타마스는 암울하고 어두운 기운을 말한다.

14...

daivī hy eṣā guṇamayī
mama māyā duratyayā ।
mām eva ye prapadyante
māyām etāṁ taranti te ॥

15...

na māṁ duṣkṛtino mūḍhāḥ
prapadyante narādhamāḥ ।
māyayāpahṛtajñānā
āsuraṁ bhāvam āśritāḥ ॥

16...

caturvidhā bhajante māṁ
janāḥ sukṛtino 'rjuna ।
ārto jijñāsur arthārthī
jñānī ca bharatarṣabha ॥

17...

teṣāṁ jñānī nityayukta
ekabhaktir viśiṣyate ।
priyo hi jñānino 'tyartham
ahaṁ sa ca mama priyaḥ ॥

14...

왜냐하면 세 기운들이 만들어 내는 신비한 현상인
나의 환영幻影을 넘어서기가 어렵기 때문이다.
그러나 오직 나에게 귀의한 사람은
이 환영을 무사히 넘어설 수 있다.

15...

하지만 나에게 귀의하지 않는 사람은
환영에 현혹되어 지혜를 빼앗겨 마귀의 길을 따르게 되고,
그러니 악행을 일삼게 되며,
낮은 차원의 본능을 따르며, 결국 멸망의 길로 간다.

16...

아르주나여,
사람들이 나를 간절히 찾는 이유는 네 부류가 있다.
고통에 처하였거나, 구도의 길을 가고자 나를 찾거나,
세속적인 목적을 추구하기 위해서 나를 찾거나,
지혜롭기 때문에 나를 찾는 사람도 있다.

17...

이 가운데에서, 지혜로워서 일편단심으로
나에게 헌신하는 사람이 가장 훌륭하다.
나는 지혜가 있는 그들을 사랑하며,
그들 또한 나를 지극한 마음으로 사랑한다.

18...

udārāḥ sarva evaite
jñānī tv ātmaiva me matam ।
āsthitaḥ sa hi yuktātmā
mām evānuttamāṁ gatim ॥

19...

bahūnāṁ janmanām ante
jñānavān māṁ prapadyate ।
vāsudevaḥ sarvam iti
sa mahātmā sudurlabhaḥ ॥

20...

kāmais taistair hṛtajñānāḥ
prapadyante 'nyadevatāḥ ।
taṁ taṁ niyamam āsthāya
prakṛtyā niyatāḥ svayā ॥

18...

이 헌신하는 사람들 모두 고귀하지만,
나는 지혜로운 사람을 곧 나 자신으로 여긴다.
마음의 흔들림이 전혀 없이,
그들은 자신을 제어하여
지고의 목표인 나에게만 머물기 때문이다.[7]

19...

지혜로운 사람은
수많은 생을 거듭하면서 나를 찾다가
마침내 '모든 것이 바수데바이다'[8]라는 것을 발견하고서
마침내 나에게 귀의한다.
하지만 이러한 위대한 영혼을 지닌 자는 참으로 드물다.

20...

온갖 욕망에 지혜를 빼앗긴 사람들은
타고난 자신의 본성(프라크리티)에 구속되어
나름대로의 여러 의식들에 믿음을 걸고서
다른 신들에 귀의한다.

---

7 자신의 궁극적인 목표가 바로 '무상의 경지'와 하나되는 것이다.

8 인도 신화에 나오는 비슈누의 화신 가운데 하나로 비슈누가 인격으로 나타난 존재이다. 크리슈나의 성姓이며, 크리슈나와 동일시되기도 한다. '모든 것이 바수데바이다'는 모든 것 속에서 크리슈나를 발견한다는 의미이다.

21...

yo yo yāṁ yāṁ tanuṁ bhaktaḥ
śraddhayārcitum icchati ।
tasya tasyācalāṁ śraddhāṁ
tām eva vidadhāmy aham ॥

22...

sa tayā śraddhayā yuktas
tasyārādhanam īhate ।
labhate ca tataḥ kāmān
mayai 'va vihitān hi tān ॥

23...

antavat tu phalaṁ teṣāṁ
tad bhavaty alpamedhasām ।
devān devayajo yānti
madbhaktā yānti mām api ॥

21...

어떠한 사람이
어떤 신을 헌신과 믿음으로 숭배하고자 하면,
나는 그의 믿음이
결코 흔들리지 않고 확고해지도록 도와준다.

22...

그가 그런 흔들리지 않는 믿음으로
자신이 선택한 신을 섬기면
그 신으로부터 원하는 바를 얻는다.
바로 내가 그것들을 허락했기 때문이다.

23...

그러나 지혜가 적은 사람들이
그렇게 신을 섬기며 얻는 결과는
참으로 유한하며, 한시적인 것이다.
신들을 숭배하는 사람들은
각자 자신이 섬긴 신들에게로 간다.
하지만 나에게 귀의한 지혜로운 사람은 나에게 온다.

24...

avyaktaṁ vyaktim āpannaṁ
manyante mām abuddhayaḥ ।
paraṁ bhāvam ajānanto
mamāvyayam anuttamam ॥

25...

nāhaṁ prakāśaḥ sarvasya
yogamāyāsamāvṛtaḥ ।
mūḍho 'yaṁ nābhijānāti
loko mām ajam avyayam ॥

26...

vedāhaṁ samatītāni
vartamānāni cārjuna ।
bhaviṣyāṇi ca bhūtāni
māṁ tu veda na kaścana ॥

24...[9]

무지한 사람들은
나의 영원불멸하고 모든 것을 초월한
지고한 상태임을 알지 못하고
드러나지 않는 나를
마치 물질적인 근본원질이 드러난 것으로 여긴다.

25...

나는 나 자신의 창조력[10]으로 가려져 있기 때문에
모든 사람에게 보이지 않는다.
이 미혹의 세상 사람들은
내가 태어나지도 않고 죽지도 않으며,
영원히 변하지도 않는 존재라는 것을 알지 못한다.

26...

나는 지나간 존재들과
현재의 존재들과
앞으로 올 존재들, 모든 것을 알고 있다.
하지만 나를 아는 사람은 아무도 없다. 아르주나여,

9 24-27절에서 '무지의 힘'을 말한다.
10 보여지는 창조력은 '마야'를 일컫는다.

27...

icchādveṣasamutthena
dvaṁdvamohena bhārata ।
sarvabhūtāni saṁmohaṁ
sarge yānti paraṁtapa ॥

28...

yeṣāṁ tv antagataṁ pāpaṁ
janānāṁ puṇyakarmaṇām ।
te dvaṁdvamohanirmuktā
bhajante māṁ dṛḍhavratāḥ ॥

29...

jarāmaraṇamokṣāya
mām āśritya yatanti ye ।
te brahma tad viduḥ kṛtsnam
adhyātmaṁ karma cākhilam ॥

27...

아르주나여, 이 세상에 있는 모든 존재들은
태어나면서부터
욕망과 증오로부터 생기는
대립성[11]의 미혹에 사로잡혀 있다.

28...

덕이 있는 행위들을 하여 죄가 소멸되고,
상반되는 대립성의 미혹에서 해방되어
고결한 영혼을 지니고 행위하는 사람들은
확고한 믿음으로 나를 섬긴다.

29...

늙음과 죽음에서 자유로워지고자[12]
오로지 나를 안식처로 의지하고 나에게 귀의하는 사람들은
브라만과 지고의 아트만과 행위(業)에 관한 모든 것을
깨닫게 된다.

11 대립성(dvandva)이란 생生과 사死, 고苦와 낙樂, 온溫과 냉冷 등 분별심과 집착을 일으키는 현상세계의 이원적인 상반을 의미한다.
12 이는 윤회의 법칙에 구속되지 않음을 말한다.

30...

sādhibhūtādhidaivaṁ māṁ
sādhiyajñaṁ ca ye viduḥ |
prayāṇakāle 'pi ca māṁ
te vidur yuktacetasaḥ ||

30...

존재(물질)의 본질과 신의 본질과
제사의 본질을 지배하는 자가 바로 나임을 아는 사람은
세상을 떠나는 순간까지도
나를 기억하고 나와 하나로 있다.[13]

제7장 [지혜와 통찰의 요가]

13 죽는 순간에도 지고의 존재인 '나'만을 생각하면서 떠나는 사람은 나의 존재 상태에 머문다.

제8장

불멸의 브라만

aksarabrahma yoga

vedeṣu yajñeṣu tapaḥsu cai'va
dāneṣu yatpuṇyaphalaṁ pradiṣṭam |
atyeti tat sarvam idaṁ viditvā
yogī paraṁ sthānam upaiti cādyam || 8.28

이것을 알면 요가수행자는
경전의 가르침을 실천하는 순수한 행위,
희생 제의를 실천하고, 고행을 행하고,
바라는 바 없이 베푸는 행위 등을 통해서
공덕의 결과를 얻는다.
하지만 진정한 요가행자는
그 모든 것을 넘어 최고의 경지인 근원에 이른다. (8.28)

arjuna uvāca

1...

kiṁ tad brahma kim adhyātmaṁ
kiṁ karma puruṣottama ।
adhibhūtaṁ ca kiṁ proktam
adhidaivaṁ kimucyate ॥

2...

adhiyajñaḥ kathaṁ ko 'tra
dehe 'smin madhusūdana ।
prayāṇakāle ca kathaṁ
jñeyo 'si niyatātmabhiḥ ॥

śrī bhagavān uvāca

3...

akṣaraṁ brahma paramaṁ
svabhāvo 'dhyātmamucyate ।
bhūtabhāvodbhavakaro
visargaḥ karmasaṁjñitaḥ ॥

아르주나가 말했다.

1...

크리슈나여,

무엇이 브라만(신성)입니까?

무엇이 아트만(참자아)입니까?

무엇이 카르마(행위)입니까?

그리고 말씀하신 존재의 본질이 무엇이며[1]

지고한 신의 본질이 무엇입니까?[2]

2...

크리슈나여,

여기 이 몸에서 제사의 본질이 무엇입니까?

그리고 자기를 제어한 자들이

죽음의 순간에 어떻게 당신을 알 수 있습니까?

(지고한 당신을 알기 위해서 어떻게 해야 합니까?)

크리슈나가 말했다.

3...

브라만은 지고의 불멸의 존재이다.

만물 속에 깃들어 있는 나의 본성을 아트만이라고 한다.

개체 속에 깃들어 있고,

만물을 생성하는 산출력을 행위(業)라 한다.

1 존재하는 것이 물질로 나타난 현상이라 하겠다.

2 4절까지 종교철학적인 내용으로서 일곱 가지에 관한 것이다.

4...

adhibhūtaṁ kṣaro bhāvaḥ
puruṣaś cādhidaivatam ।
adhiyajño'ham evātra
dehe dehabhṛtāṁ vara ॥

5...

antakāle ca māmeva
smaran muktvā kalevaram ।
yaḥ prayāti sa madbhāvaṁ
yāti nāstyatra saṁśayaḥ ॥

6...

yaṁ yaṁ vāpi smaran bhāvaṁ
tyajaty ante kalevaram ।
taṁ tamevaiti kaunteya
sadā tadbhāvabhāvitaḥ ॥

4...

존재의 본질은 변화하는 성질이며[3]
신의 본질은 우주정신(푸루샤)이다.[4]
제사의 본질은 그대의 몸 안에 머물며
모든 희생 제의를 받는 실체인 '나'이다. 아르주나여,

5...

죽음의 순간에
오직 나만을 생각하는 사람은
육신을 떠나 나의 존재 상태에 이르게 된다.
이에 의심의 여지가 없다.[5]

6...

사람이 평소에 무엇을 끊임없이 생각하면,
생의 마지막 순간에도 그동안 했던 대로
그것을 생각할 것이다.
바로 죽음의 순간에 마음을 지배했던 생각이
그의 다음 생生을 결정한다.
즉 그는 그에게로 간다. 아르주나여,

---

3 물질의 현상이란 늘 일시적이고 변화하는 본성을 지니기 때문에 결국 소멸하게 된다.
4 물질현상이 변화무상하게 작용하는 그 배후에 우주정신(불멸성)의 원리라는 원인이 있기 때문이다,
5 죽음의 순간에 품고 있던 생각이 다음 생의 상태를 결정한다.

7...

tasmāt sarveṣu kāleṣu
mām anusmara yudhya ca ǀ
mayy arpitamanobuddhir
mām evaiṣyasy asaṁśayaḥ ǁ

8...

abhyāsayogayuktena
cetasā nānyagāminā ǀ
paramaṁ puruṣaṁ divyaṁ
yāti pārthānucintayan ǁ

9...

kaviṁ purāṇamanuśāsitāram
aṇor aṇīyāṁsam anusmaredyaḥ ǀ
sarvasya dhātāram acintyarūpam
ādityavarṇaṁ tamasaḥ parastāt ǁ

7...

그러기에 언제나 나를 생각하려고 힘써라.
의심을 갖지 않고 나에게 고정시켜
생각과 지혜를 굳건히 한다면,
그대는 분명히 나에게 올 것이다.

8...

끊임없는 요가수행으로
흔들리지 않는 마음으로
오직 나[6]만을 생각하도록 하라.
틀림없이 지고한 정신에 이르게 된다. 아르주나여.

9...

브라만은 모든 것을 아는 '전지전능한 자'이다.
브라만은 태초부터 있던 '최초의 존재'이다.
브라만은 온 우주를 지배하는 '지배자'이다.
브라만은 가장 작은 원자보다 더 '작은 자'이다.
브라만은 모든 것을 분배 유지하는 '유지자'이다.
브라만은 그의 모습을 헤아릴 수 없는 '불가사의한 자'이다.
브라만은 어두움 너머에서 빛나는 '태양 같은 자'이다.
이러한 브라만을 명상할지니

6 푸루샤를 일컫는다. 다시 말하면 모든 존재의 원인인 브라만의 정신적 원리를 의미한다.

10...

prayāṇakāle manasā calena
bhaktyā yukto yogabalena cai 'va ।
bhruvor madhye prāṇam āveśya samyak
sa taṁ paraṁ puruṣam upaiti divyam ॥

11...

yad akṣaraṁ vedavido vadanti
viśanti yadyatayo vītarāgāḥ ।
yad icchanto brahmacaryaṁ caranti
tatte padaṁ saṁgraheṇa pravakṣye ॥

12...

sarvadvārāṇi saṁyamya
mano hṛdi nirudhya ca ।
mūrdhny ādhāyātmanaḥ prāṇam
āsthito yogadhāraṇām ॥

10...

흔들리지 않고, 신애하는 마음으로 제어된 사람,
또는 평소 닦은 요가수행의 힘으로
기氣를 미간에 집중시키는 사람은
죽음에 이르렀을 때, 지고한 정신(푸루샤)에 이른다.

11...

베다를 아는 사람들이 불멸이라고 하는 그 경지,
욕망으로부터 자유로워진 수행자들만이 이르는 그 경지,
금욕적인 삶[7]으로 신께
자신의 삶을 바친 이들이 열망하는 그 경지를
그대에게 간단히 말해 주겠다.

12...

모든 감각기관의 문을 닫은 채,
마음을 가슴 안에 두고,
기氣를 정수리에 끌어 올리고,
요가의 집중 상태를 유지한다.[8]

---

7 브라마차리야brahmacarya : 학생기(學生期, brahmacārin), 또는 금욕기禁慾期로 표현. 입문식(upanayana)을 시작으로 학생기가 시작된다. 브라만의 경우 8세, 크샤트리아의 경우 11세, 바이샤의 경우 12세에 행해진다. 그 기간은 보통 12년 동안이다. 입문식 후에 스승의 곁이나 아쉬람에 머물면서 기본적인 인성人性교육을 받다가, 스승의 판단으로 시기가 되었다고 여겨질 때부터 『베다』를 공부한다. 스승의 허락으로 학생기를 마치고 결혼을 하며 가주기에 들어가게 된다. 신神에게 자신의 삶의 전체를 바친 수행자를 일컬으며, 이들은 정신적으로나, 육체적으로나, 성적性的으로 순결을 지키겠다고 맹세하고 그러한 서원을 지키는 사람들을 브라마차리야라고 일컫는다.

13...

om ity ekākṣaraṁ brahma
vyāharan mām anusmaran ।
yaḥ prayāti tyajan dehaṁ
sa yāti paramāṁ gatim ॥

14...

ananyacetāḥ satataṁ
yo māṁ smarati nityaśaḥ ।
tasyāhaṁ sulabhaḥ pārtha
nityayuktasya yoginaḥ ॥

15...

mām upetya punarjanma
duḥkhālayam aśāśvatam ।
nāpnuvanti mahātmānaḥ
saṁsiddhiṁ paramāṁ gatāḥ ॥

13...

'옴'[9]이라는 한 음절의 브라만을 부르며,

나만을 생각하며

육신을 떨쳐버리는 자는

지고의 경지에 이르느니라.

14...

아르주나여,

언제나 나만을 기억하며

마음이 다른 곳으로 흩어지지 않는 요가행자는

어렵지 않게 나에게 이른다.

15...

나에게 도달하여 지고한 완성에 이른 위대한 영혼은

고통으로 가득차고

무상無常한 이 세상에서 해방되어

다시 이런 세상에 태어나지 않는다.

---

8 집중(dhāraṇā) : 하나의 대상에 마음을 집중하는 것을 말한다. 이는 모든 감각기관의 제어가 이루어진 다음의 수행으로 볼 수 있다.

9 신성한 음절 '옴(OM - A·U·M)' : 산스크리트에서 분류되는 모음은 발음되는 위치로 나누었을 때 목구멍의 가장 깊은 곳, 인후 부분에서 나오는 후음喉音부터 가장 바깥 위치인 입술 부분에서 발성되는 순음脣音까지 모두 다섯으로 분류된다. OṀ의 A·U·M 가운데 A는 가장 안쪽의 후음에 해당하고 U는 가장 바깥의 순음에 해당하므로 A와 U로 입안에서 낼 수 있는 모든 음을 표현한 것이며, 이에 콧소리인 비음 M이 더해지면 음성으로 낼 수 있는 모든 소리를 포괄한 것이 된다. 또한 OṀ을 신성한 음절이란 의미를 지닌 '쁘라나와praṇava'라고 일컫기도 한다(봉선사 『바가바드기타』 인용).

16...

ābrahmabhuvanāl lokāḥ
punarāvartino 'rjuna ।
mām upetya tu kaunteya
punarjanma na vidyate ॥

17...

sahasrayugaparyantam
ahar yad brahmaṇo viduḥ ।
rātriṁ yugasahasrāntāṁ
te'horātravido janāḥ ॥

18...

avyaktād vyaktayaḥ sarvāḥ
prabhavanty aharāgame ।
rātryāgame pralīyante
tatraivāvyaktasaṁjñake ॥

16...

위로 브라만[10]의 세계에 사는 존재들은 물론
아래로 이 세상의 모든 존재들이
윤회를 거듭하게 되어 있다.[11]
그러나 나에게로 온 사람들은 다시 태어나지 않는다.

17...

브라만의 한 낮이 1천 유가[12]의 주기이고,
브라만의 한 밤이
1천 유가의 주기임을 아는 사람은
진실로 낮과 밤이 무엇인지를 아는 사람이다.

18...

낮이 되면 근본원질로부터[13]
온갖 만물이 생겨나며,
밤이 되면 그것들은 다시
근본원질로 용해되어 사라진다.

---

10 브라마(brahma, 남성명사)는 세계를 창조하는 인격신으로서, 우주의 궁극적 실재 브라만(brahman, 중성명사)과 구별되어야 한다. 신들의 세계, 심지어 창조신 브라마의 세계에 태어나도 업이 소멸하면 다시 환생한다.

11 이는 고통의 연속인 삶과 죽음을 반복함을 말한다.

12 1유가yuga는 이 인간세상에서 4,320,000년에 해당한다. 이는 이 인간세상의 시간으로 약 9백만 년이 브라만의 세계에서는 하루의 밤과 낮에 지나지 않는 셈이다.

13 이는 신의 낮은 본성인 물질적 본성(프라크리티)으로서 드러나지 않는다. 만물이 구체적인 형상으로 나타나기 전의 원초적 물질을 의미한다.

19...

bhūtagrāmaḥ sa evāyaṁ
bhūtvā bhūtvā pralīyate ।
rātryāgame 'vaśaḥpārtha
prabhavaty aharāgame ॥

20...

paras tasmāt tu bhāvo 'nyo
'vyakto 'vyaktāt sanātanaḥ ।
yaḥsa sarveṣu bhūteṣu
naśyatsu na vinaśyati ॥

21...

avyakto 'kṣara ity uktas
tam āhuḥparamāṁgatim ।
yaṁprāpya na nivartante
tad dhāma paramaṁmama ॥

19...
아르주나여,
모든 존재들의 생성과 소멸이 무한히 반복된다.
그러다가 브라만의 밤이 오면
원하든 원하지 않든 다시 사라지고 낮이 오면 생겨난다.[14]

20...
그러나 이 나타나지 않고 있는 것을
초월한 더 높은 무형의 영원한 존재가 있다.
모든 존재가 소멸되어도
그것은 절대 소멸되지 않는다.[15]

21...
'나타나지 않는 것'이라 하거나,
'불멸하는 것'이라 일컫는 것은 궁극의 경지를 말한 것이다.
그 차원에 도달한 사람은 되돌아오지 않는다.[16]
그곳이 바로 내가 머무는 세계이다.

14 브라만의 밤, 낮에 따라 존재들의 생성과 소멸이 무한히 반복된다.

15 영원한 실재 차원을 말한다. 나타나지 않는 것이란 신神의 낮은 본성인 물질적 본성(prakrti)이며, 나타나지 않으나 높은 본성은 우주적 정신精神이다. 이는 곧 지고의 정신(푸루샤), 혹은 지고의 인격이라 불리는 만물의 내적생명內的生命, 정수精髓이다.

16 궁극의 경지에 도달한 사람은 생성과 소멸이 반복되는 세계로 되돌아가지 않는다.

22...

puruṣaḥ sa paraḥ pārtha
bhaktyā labhyas tv ananyayā ।
yasyāntaḥsthāni bhūtāni
yena sarvam idaṁ tatam ॥

23...

yatra kāle tv anāvṛttim
āvṛttiṁ caiva yoginaḥ ।
prayāt āyānti taṁ kālaṁ
vakṣyāmi bharatarṣabha ॥

22...

아르주나여,
지극한 헌신으로
모든 존재가 다 그 안에 머물러 있으며,
만물 속에 두루 퍼져 있는
이 지고한 정신[17]의 세계에 이를 수 있다.

23...

아르주나여,
죽음을 맞는 수행자가 가는 두 가지 길이 있다.
어느 때 떠나면 환생하게 되는지,
어느 때 떠나면 환생하지 않고
영원한 자유에 이르게 되는지
그 때를 말해 주겠다.[18]

---

17 푸루샤puruṣa는 지고한 정신, 지고한 영혼이다.

18 24-25절은 인도의 전통 신앙에서 죽음 이후 화장을 하여 영혼이 가는 두 종류의 길을 설명하고 있다. 하나의 길은 환생에 이르는 길이고, 다른 하나는 영원한 자유에 이르는 길이다. 우파니샤드에 근거한『찬도기야 우파니샤드』5.10.1-2 와『브리하드아란야카 우파니샤드』6.2.14) 사상이다. 하지만 이 내용은『바가바드기타』의 사상과는 어울리지 않는 듯하다.

24...

agnir jyotir ahaḥ śuklaḥ
ṣaṇmāsā uttarāyaṇam ।
tatra prayātā gacchanti
brahma brahmavido janāḥ ॥

25...

dhūmo rātris tathā kṛṣṇaḥ
ṣaṇmāsā dakṣiṇāyanam ।
tatra cāndramasaṁ jyotir
yogī prāpya nivartate ॥

24...

불, 빛, 낮 시간, 달이 차올라서 밝아지는 2주일[19],
태양이 북쪽 지점에 가 있는
여섯 달[20](1월-6월)동안에
세상을 떠나는,
브라만을 아는 사람들은 브라만에게 간다.[21]

25...

연기, 밤 시간, 달이 기우는 어두운 2주일[22],
태양이 남쪽 지점에 가 있는 여섯 달 동안에[23]
세상을 떠나는 수행자는
달의 영역에 도달하였다가
달빛을 따라 이 세상에 다시 돌아온다(환생한다).[24]

19 초승부터 보름까지이다.
20 동지부터 하지까지이다.
21 철학적 지혜와 고행을 행한 인간이 사후에 가는 길, 신도(神道, devayāna)를 말한다.
22 이는 보름부터 그믐까지를 말한다.
23 하지부터 동지까지의 여섯 달에 해당한다.
24 현세에서 선업을 쌓은 자들이 가는 조도(祖道, pitṛyāna)를 말한다.

26...

śuklakṛṣṇe gatī hy ete
jagataḥ śāśvate mate ।
ekayā yāty anāvṛttim
anyayāvartate punaḥ ॥

27...

naite sṛtī pārtha jānan
yogī muhyati kaścana ।
tasmāt sarveṣu kāleṣu
yogayukto bhavārjuna ॥

28...

vedeṣu yajñeṣu tapaḥsu cai 'va
dāneṣu yatpuṇyaphalaṁ pradiṣṭam ।
atyeti tat sarvam idaṁ viditvā
yogī paraṁ sthānam upaiti cādyam ॥

26...
밝은 길과 어두운 길, 이 두 길[25]은
세상에 있는 영원한 길이다.
전자의 길을 가는 사람은
태어나지 않지만(영원한 자유에 이른다),
후자의 길을 가는 사람은 다시 태어난다(환생한다).

27...
아르주나여, 이 두 길[26]을 아는 수행자는
미혹에 떨어지지 않는다.
그러므로 언제나 굳건하게 요가수행을 하여
흔들리지 않도록 해라.

28...
이것을 알면 요가수행자는
경전의 가르침을 실천하는 순수한 행위,
희생 제의를 실천하고,
고행을 행하고,
바라는 바 없이 베푸는 행위 등을 통해서
공덕의 결과를 얻는다.
하지만 진정한 요가행자는
그 모든 것을 넘어 최고의 경지인 근원에 이른다.

제8장 [불멸의 브라만]

25 신도와 조도를 일컫는다.
26 죽음 이후 어떤 영혼은 지고한 자유에 이르고, 어떤 영혼은 이 세상으로 되돌아 온다(다시 태어난다).

제9장

최고의 지식과 비밀
rājavidyārājaguhya yoga

man-manā bhava mad-bhakto
mad-yājī māṁ namaskuru |
mām evaiṣyasi yuktvaivam
ātmānaṁ mat-parāyaṇaḥ ‖ *9.34*

그대의 마음을 나로 채우라.
나를 신애하고, 나에게 제사지내고, 나를 경배하라.
이처럼 자신을 제어하여
확고하게 나를 최고의 목표로 삼으면,
진실로 그대는 나에게 이르게 되리라. (9.34)

śrī bhagavān uvāca

1...

idaṁ tu te guhyatamaṁ
pravakṣyāmy anasūyave ।
jñānaṁ vijñāna-sahitaṁ
yaj jñātvā mokṣyase 'śubhāt ॥

2...

rāja-vidyā rāja-guhyaṁ
pavitram idam uttamam ।
pratyakṣāvagamaṁ dharmyaṁ
su-sukhaṁ kartum avyayam ॥

3...

aśraddadhānāḥ puruṣā
dharmasyāsya parantapa ।
aprāpya māṁ nivartante
mṛtyu-saṁsāra-vartmani ॥

크리슈나가 말했다.

1... (1-10 : 신의 창조)
아르주나여,
그대가 흔들림 없이 나를 신뢰하므로
이제 가장 위대한 비밀을 말해 주겠다.
통찰력을 동반한 지혜를 알면
그대는 모든 죄악에서 벗어날 것이다.

2...
이것은 최고의 지식이고,
최고의 비밀이며, 최고의 정화 수단이다.
이것은 직접 경험할 수 있고, 진리에 부합하고,
쉽게 실천할 수 있고, 영원불변하는 것이다.

3...
아르주나여, 이 진리에 대한 믿음이 없는 사람들은
나에게 이르지 못하고
태어남과 죽음이 거듭되는
윤회의 길로 이 세상에 다시 돌아온다.

4...

maya tatam idaṁ sarvaṁ
jagad avyakta-mūrtinā ।
mat-sthāni sarva-bhūtāni
na cāhaṁ teṣv avasthitaḥ ॥

5...

na ca mat-sthāni bhūtāni
paśya me yogam aiśvaram ।
bhūta-bhṛn na ca bhūta-stho
mamātmā bhūta-bhāvanaḥ ॥

6...

yathākāśa-sthito nityaṁ
vāyuḥ sarvatra-go mahān ।
tathā sarvāṇi bhūtāni
mat-sthānīty upadhāraya ॥

4...
우주의 모든 존재들은
눈에 보이지 않는 형태[1]인
나에게서 나와 두루 퍼져있는 것이다.
모든 존재들이 내 안에서 살아가고 있지만,
나는 그들에 의해서 제한되지 않는다.

5...
그러나 모든 존재들이 내 안에 있는 것은 아니다.
나의 신비한 능력을 보라.
내가 모든 존재들을 생성하고, 그 존재들을 지탱시키지만
나의 본성이 존재들 안에 있지 않으면서
그들을 그처럼 존재하도록 한다.[2]

6...
사방으로 부는 강한 바람도
항상 허공에 있듯이,
그처럼 모든 존재들이
내 안에 머물러 있음을 알아라.[3]

1 눈에 나타나지 않는 형태란 미현현未顯顯의 형태라고 한다.
2 그는 세상만물을 생성 유지시키는 원인이지만, 그의 본성이 세상 만물들에 의해서 규정되는 것이 아니다.
3 마치 온 우주를 빈틈없이 채우고 있는 공기처럼 모든 존재들이 내 안을 빈틈없이 채우고 있다.

7...

sarva-bhūtāni kaunteya
prakṛtiṁ yānti māmikām ।
kalpa-kṣaye punas tāni
kalpādau visṛjāmy aham ॥

8...

prakṛtiṁ svām avaṣṭabhya
visṛjāmi punaḥ punaḥ ।
bhūta-grāmam imaṁ kṛtsnam
avaśaṁ prakṛter vaśāt ॥

9...

na ca māṁ tāni karmāṇi
nibadhnanti dhanañjaya ।
udāsīna-vad āsīnam
asaktaṁ teṣu karmasu ॥

7...

아르주나여, 겁劫[4]이 끝날 때

모든 존재들은 나의 근본원질로 돌아온다.

또 다시 겁이 시작되면

나는 그들을 다시 현상세계로 방출한다.

8...

나 자신의 근본원질의 법칙에 따라[5]

모든 존재들의 생성과 소멸이 계속되고,

이 모든 무력한 존재들을 근본원질의 힘으로

반복해서 내보낸다.

9...

아르주나여,

하지만 이러한 모든 행위들은 나를 구속하지 않는다.

(왜냐하면) 그렇게 행위하면서도

내가 생성과 소멸에 대해 집착하는 바 없이

초연한 상태에 있기 때문이다.

4 겁(劫, kalpa)은 우주적인 주기로서 창조의 신, 브라만의 한 낮에 해당하는 시간이다. 인간계로 계산하면 4,320,000,000년이라는 긴 세월이다. 현대과학에서 지구가 탄생한 시기와 거의 일치한다.

5 이는 프라크리티, 즉 근본원질에 근거한다는 의미이다.

10...

mayādhyakṣeṇa prakṛtiḥ
sūyate sa-carācaram ।
hetunānena kaunteya
jagad viparivartate ॥

11...

avajānanti māṁ mūḍhā
mānuṣīṁ tanum āśritam ।
paraṁ bhāvam ajānanto
mama bhūta-maheśvaram ॥

12...

moghāśā mogha-karmāṇo
mogha-jñānā vicetasaḥ ।
rākṣasīm āsurīṁ caiva
prakṛtiṁ mohinīṁ śritāḥ ॥

13...

mahātmānas tu māṁ pārtha
daivīṁ prakṛtim āśritāḥ ।
bhajanty ananya-manaso
jñātvā bhūtādim avyayam ॥

10...

아르주나여,
목격자인 나는 나의 근본원질이
살아서 움직이는 것과 움직이지 않는 것들을 산출해 낸다.
나는 그것을 집착 없이 바라보는 목격자이다.
이렇게 세상은 나로 인하여 돌아가고 있다.

11...

어리석은 사람들은
존재들의 대주재자인
나의 높은 상태의 진정한 모습을 보지 못하고,
인간의 형상을 입고 나타난 나를 얕잡아 본다.

12...

헛된 희망과 헛된 행위와 헛된 지식으로
마음이 불안정한 이들은
잔인하며 악마적인 물질적 성향에 빠져들어
헛된 것에 머물면서 헛된 것들을 추구한다.

13...

그러나 위대한 자아를 지닌 자들은
내가 존재의 근원이며 불멸한다는 사실을 깨닫고
나의 신적인 본성에 의지하여
한결같은 마음으로 나를 신애信愛한다.

14...

satataṁ kīrtayanto māṁ
yatantaś ca dṛḍha-vratāḥ ।
namasyantaś ca māṁ bhaktyā
nitya-yuktā upāsate ॥

15...

jñāna-yajñena cāpy anye
yajanto mām upāsate ।
ekatvena pṛthaktvena
bahudhā viśvato-mukham ॥

16...

ahaṁ kratur ahaṁ yajñaḥ
svadhāham aham auṣadham ।
mantro 'ham aham evājyam
aham agnir ahaṁ hutam ॥

14...

그들은 언제나 나를 찬양하면서, 확고하게 서원하며,
항상 자신을 다스리는데 노력하며,
흔들리지 않는 확고한 신애로 나를 경배하고,
자신을 완전히 나에게 바친다.

15...

또 어떤 사람들은 지혜의 길을 통해 나에게 오기도 한다.
그들은 내가 '하나(唯一)'이자,
'다양한 모습'이라는 것을 안다.
그들은 모든 것 속에서 여러 모습의 나를 보며 숭배한다.

16... (16-19 신神의 속성)

나는 제사의식이요,
나는 제사이다.
나는 제사에 올리는 공물이요,
나는 제사에 쓰이는 약초이다.
나는 제사드릴 때의 주문, 만트라요,
나는 제단에 바치는 버터요,
나는 버터를 태우는 불이요,
나는 봉헌 자체이다.

17...

pitāham asya jagato
mātā dhātā pitāmahaḥ ।
vedyaṁ pavitram oṁkāra
ṛk sāma yajur eva ca ॥

18...

gatir bhartā prabhuḥ sākṣī
nivāsaḥ śaraṇaṁ suhṛt ।
prabhavaḥ pralayaḥ sthānaṁ
nidhānaṁ bījam avyayam ॥

19...

tapāmy aham ahaṁ varṣaṁ
nigṛhṇāmy utsṛjāmi ca ।
amṛtaṁ caiva mṛtyuś ca
sad asac cāham arjuna ॥

17...

나는 이 세계의 아버지이며, 어머니이고,
창조자이며, 조상이다.
나는 앎의 궁극적인 대상이며,
나는 정화하는 자이며, 성스러운 음절 '옴oṁ'이다.
나는 또한 경전, 즉 리그베다, 사마베다, 야주르베다이다.

18...

나는 삶의 궁극적 목표이다. 나는 만물을 유지하는 자이다.
나는 만물의 주인이다, 나는 만물을 지켜보는 자이다.
나는 만물의 거주처이다. 나는 만물의 친구이다.
나는 만물의 생성이고, 해체이고, 유지이다.
나는 만물의 보물 창고이며, 불멸의 씨앗이다.

19...

나는 열을 주는 자이다. 나는 가뭄을 주기도 하고,
비를 내리게도 하고, 비를 멈추게도 한다.
나는 불멸이면서 죽음이다.
나는 존재하는 것이고, 존재하는 않는 것이다. 아르주나여,

20...

trai-vidyā māṁ soma-pāḥ pūta-pāpā
yajñair iṣṭvā svar-gatiṁ prārthayante ।
te puṇyam āsādya surendra-lokam
aśnanti divyān divi deva-bhogān ॥

21...

te taṁ bhuktvā svarga-lokaṁ viśālaṁ
kṣīṇe puṇye martya-lokaṁ viśanti ।
evaṁ trayī-dharmam anuprapannā
gatāgataṁ kāma-kāmā labhante ॥

22...

ananyāś cintayanto māṁ
ye janāḥ paryupāsate ।
teṣāṁ nityābhiyuktānāṁ
yoga-kṣemaṁ vahāmy aham ॥

20...

세 베다,[6] 즉 경전의 가르침을 따르는 사람들,
소마주[7]을 마시고 죄로부터 정화된 사람들은
나에게 희생 제의를 바치며 신들의 세계에 가기를 소망한다.
그들은 거룩한 신의 세계에 들어가
그들은 거기에서 천상의 즐거움을 누린다.

21...

그들은 그곳에서 천상의 세계를 즐긴다.
그들이 쌓은 공덕이 소진하여 기쁨이 끝나면
다시 인간 세상으로 돌아온다.
이와 같이 베다의 가르침을 따르면서도
욕망을 추구하는 사람들은 생사윤회를 벗어나지 못한다.

22...

그러나 오로지 나만을 섬기고,
언제나 나만을 집중하여 명상하며,
나를 그들의 참나로 여기며
나에게 헌신하는 사람들에게
나는 그들이 필요한 것을 모두 채워 주고,
뿐만 아니라 그들이 이미 가진 것들을 보존해 준다.

6 세 가지 베다Veda를 아는 자들은 3베다에 언급된 자신의 의무(dharma)를 충실히 따르며 희생을 하는 자들을 말한다.

7 소마soma주酒란 소마라는 식물에서 추출한 즙이다. 정확히 알 수는 없지만, 베다 종교의식에서 신께 바치고, 제관들이 마셨다는 환각제와 같은 음료였을 것으로 추측한다.

23...

ye 'py anya-devatā-bhaktā
yajante śraddhayānvitāḥ ।
te 'pi mām eva kaunteya
yajanty avidhi-pūrvakam ॥

24...

ahaṁ hi sarva-yajñānāṁ
bhoktā ca prabhur eva ca ।
na tu mām abhijānanti
tattvenātaś cyavanti te ॥

25...

yānti deva-vratā devān
pitṝn yānti pitṛ-vratāḥ ।
bhūtāni yānti bhūtejyā
yānti mad-yājino 'pi mām ॥

26...

patraṁ puṣpaṁ phalaṁ toyaṁ
yo me bhaktyā prayacchati ।
tad ahaṁ bhakty-upahṛtam
aśnāmi prayatātmanaḥ ॥

23...

아르주나여,

신념을 가지고 다른 신을 숭배하는 사람들도

비록 간접적이지만,

결국 나를 숭배하는 셈이다.

24...

왜냐하면 모든 제사를 즐기는 자(享受者)는 바로 나이고,

또한 주인이기 때문이다.

그러나 그들은 진실로 나를 알지 못하기 때문에

천상의 세계에서 떨어진다.[8]

25...

신들을 섬기는 사람은 신들에게로 갈 것이고,

조상을 섬기는 사람은 조상들이 있는 세계로 간다.

귀신을 섬기는 사람은 귀신들의 세계로 갈 것이다.

하지만 나를 섬기는 사람은 나에게로 온다.

26...

나뭇잎 한 장, 꽃 한 송이, 과일 하나, 물 한 잔을 바치더라도

진정으로 신애로서 나에게 바치면,

나는 순수한 영혼을 지닌 자가

바친 그 공양을 기쁘게 받는다.[9]

---

8 이는 환생한다는 의미이다.

9 26-34절은 신에 대한 헌신은 지고의 경지에 이르는 쉬운 길이라는 내

27...

yat karoṣi yad aśnāsi
yaj juhoṣi dadāsi yat ।
yat tapasyasi kaunteya
tat kuruṣva mad-arpaṇam ॥

28...

śubhāśubha-phalair evaṁ
mokṣyase karma-bandhanaiḥ ।
sannyāsa-yoga-yuktātmā
vimukto mām upaiṣyasi ॥

29...

samo 'haṁ sarva-bhūteṣu
na me dveṣyo 'sti na priyaḥ ।
ye bhajanti tu māṁ bhaktyā
mayi te teṣu cāpy aham ॥

27...

아르주나여, 그대가
무엇을 하든,
무엇을 먹든,
무엇을 제물로 바치든,
무엇을 베풀든,
무슨 고행을 하든,
그대의 모든 행위를 나를 위한 제물이라 여기고 하라.

28...

그렇게 함으로써
그대는 행위의 속박에서 자유로워질 것이다.
그대의 마음이 결과에 집착하지 않는
포기의 요가로 제어되면,[10]
그대는 완전한 자유에 이르며 나에게 오게 될 것이다.

29...

나는 모든 존재들을 평등하게 여긴다.
나에게는 미워하는 사람도 없고 사랑하는 사람도 없다.
그러나 신애로 나를 숭배하는 사람은
내 안에 있으며, 나 또한 그들 안에 있다.

용이다.

10 포기의 요가로 제어된다는 것은 행위들의 결과에 집착하지 않는 것을 말한다.

30...

api cet su-durācāro
bhajate mām ananya-bhāk ।
sādhur eva sa mantavyaḥ
samyag vyavasito hi saḥ ॥

31...

kṣipraṁ bhavati dharmātmā
śaśvac-chāntiṁ nigacchati ।
kaunteya pratijānīhi
na me bhaktaḥ praṇaśyati ॥

32...

māṁ hi pārtha vyapāśritya
ye 'pi syuḥ pāpa-yonayaḥ ।
striyo vaiśyās tathā śūdrās
te 'pi yānti parāṁ gatim ॥

30...

아무리 악한 사람일지라도,
흔들리지 않는 마음으로 나를 신애하면,
모든 죄악에서 풀려나 올바른 사람이 될 것이다.
왜냐하면 그가 올바르게 결심했기 때문이다.

31...

그는 곧 정의롭게 되며
영원한 평안을 누릴 것이다.
아르주나여, 꼭 알고 있어라
나에게 헌신하는 자는 결코 멸망하지 않는다.[11]

32...

아르주나여,
여인네들, 바이샤, 심지어 수드라처럼
비천한 신분으로 태어났더라도,
나에게 귀의하는 사람은 (어떠한 구별 없이)
이생에서 가장 높은 경지에 이르기 때문이다.[12]

11 문자적으로 '멸망하지 않는다'는 삶 속에서 불행한 상황에 놓이지 않음을 의미한다.

12 '신애'의 경지에 대한 대중적이고 파격적인 내용이다. 남녀의 구별, 신분의 고하, 환경의 좋고 나쁨을 막론하고 '지고의 경지', 즉 '해탈'이란 모두에게 동등하게 열려 있음을 밝히고 있다.

33...

kiṁ punar brāhmaṇāḥ puṇyā
bhaktā rājarṣayas thatā ।
anityam asukhaṁ lokam
imaṁ prāpya bhajasva mām ॥

34...

man-manā bhava mad-bhakto
mad-yājī māṁ namaskuru ।
mām evaiṣyasi yuktvaivam
ātmānaṁ mat-parāyaṇaḥ ॥

33...

하물며 나에게 헌신하는 덕망을 지닌 바라문들과
고귀한 현자들은 말할 필요가 있겠느냐?
어차피 덧없고 고통스러운 이 세상에 왔으니, 항상
나만을 생각하고 나를 신애하는 것이 가장 옳지 않겠느냐?

34...

그대의 마음을 나로 채우라.
나를 신애하고, 나에게 제사지내고,
나를 경배하라.
이처럼 자신을 제어하여
확고하게 나를 최고의 목표로 삼으면,
진실로 그대는
나에게 이르게 되리라.

제9장 [최고의 지식과 비밀]

제10장

신성의 드러남

vibhūti yoga

athavā bahunaitena
kiṁ jñātena tavārjuna |
viṣṭabhyāham idaṁ kṛtsnam
ekāṁśena sthito jagat || 10.42

아르주나여,
그러나 이 모든 장황한 것들을 다 알아서
무슨 소용이 있겠는가?
나는 내 자신의 한 부분으로
온 세상을 유지시키며 머물고 있다. (10.42)

śrī bhagavān uvāca

1...

bhūya eva mahābāho
śṛṇu me paramaṁ vacaḥ ।
yatte 'haṁ prīyamāṇāya
vakṣyāmi hitakāmyayā ॥

2...

na me viduḥ suragaṇāḥ
prabhavaṁ na maharṣayaḥ ।
ahamādirhi devānāṁ
maharṣīṇāṁ ca sarvaśaḥ ॥

3...

yo māmajamanādiṁ ca
vetti lokamaheśvaram ।
asaṁmūḍhaḥ sa martyeṣu
sarvapāpaiḥ pramucyate ॥

크리슈나가 말했다.

1...

아르주나여,
크게 기뻐하는 그대에게
나의 지고의 가르침을 다시 말해 줄 것이니
다시 한 번 귀 기울여 들어 보아라.[1]

2...

신들도, 위대한 현자들조차도
내가 어디서 나왔는지 나의 기원을 알지 못한다.
왜냐하면
내가 바로 그들 모두의 기원이기 때문이다.

3...

나를
태어남도 없고, 시작도 없고,
온 세상의 대주재자大主宰者로 아는 사람은
결코 미혹에 빠지지 않고 모든 죄악에서 벗어난다.

1 1-11절까지 크리슈나가 브라만처럼 모든 만물의 근원이라고 말하고 있다.

4...

buddhirjñānamasaṁmohaḥ

kṣamā satyaṁ damaḥ śamaḥ ।

sukhaṁ duḥkhaṁ bhavo 'bhāvo

bhayaṁ cābhayam eva ca ॥

5...

ahiṁ sāsama tātuṣṭis

tapo dānaṁ yaśo 'yaśaḥ ।

bhavanti bhāvā bhūtānāṁ

matta eva pṛthagvidhāḥ ॥

6...

maharṣayaḥ sapta pūrve

catvāro manavastathā ।

madbhāvā mānasā jātā

yeṣāṁ loka imāḥ prajāḥ ॥

4...

지식, 지혜, 미혹되지 않음,
인내, 진실함, 절제, 평안,
즐거움과 괴로움,
태어남과 죽음, 두려움과 용감함까지,

5...

비폭력, 평등, 만족, 고행,
보시, 명예와 불명예 등
존재들의 각기 다른 다양한 속성들은
바로 나에게서 나오는 것이다.

6...

고대의 위대한 일곱 명의 현자들과[2]
인간의 조상인 네 마누들[3] 또한
나의 마음에서 태어난 존재들이며,
그들로부터 이 세상의 자손들이 생겨났다.

2 일곱 현자賢者란 『베다』에서의 일곱 명의 전설적인 현자를 일컬으며, 브리구Bhṛgu 등 인도의 고대 법전 제정자들을 가리키며, 네 마누란 4 유가yuga 각각의 처음에 존재했던 인간의 조상들을 가리킨다.

3 '네 명의 마누'에서 마누는 태양신 비바스바트가 낳은 최초의 인간 아들이다. 비바스바트는 14명의 아들을 두었다고 전해지기도 하고, 4명의 아들을 두었다는 설이 있는데 여기서는 네 명의 아들을 두었다는 설을 따른 것으로 보인다. 곧 사나까, 사나따나, 사난다나, 사낫 등이다.

7...

etāṁ vibhūtiṁ yogaṁ ca
mama yo vetti tattvataḥ ।
so 'vikampena yogena
yujyate nātra saṁśayaḥ ॥

8...

ahaṁ sarvasya prabhavo
mattaḥ sarvaṁ pravartate ।
iti matvā bhajante māṁ
budhā bhāvasamanvitāḥ ॥

9...

maccittā madgataprāṇā
bodhayantaḥ parasparam ।
kathayantaś ca māṁ nityaṁ
tuṣyanti ca ramanti ca ॥

7...

나의 현현顯現함[4]과 신비한 힘을
진실로 아는 사람은
조금도 의심하는 바 없이
흔들림 없는 요가로[5] 헌신하여 나와 하나가 될 것이다.

8...

나는 모든 것의 근원이며,
만물이 나에게서 생겨난다.
지혜로운 자는 그와 같음을 알기 때문에
온 마음으로 나를 신애한다.

9...

그들은 생각을 나에게 고정시키고,
그들의 생명을 나에게 바치며,
그들은 항상 나를[6] 이야기하며,
그들은 항상 만족하고 기뻐한다.

4 현현(顯現, vibhūti)이란 세상 만물의 정수精髓로 내재하는 신의 편재遍在를 의미한다. 신비한 힘은 '요가'를 번역한 것으로 여기서의 요가는 '신의 신비한 능력' 또는 '권능'을 뜻하는 특수한 의미이다.
5 '흔들림이 없는 요가'는 확고하게 나에게 헌신한다는 의미이다.
6 내가 어떤 존재인지, 나의 신비의 힘과 영광 등에 대해서 말한다.

10...

teṣāṁ satatayuktānāṁ
bhajatāṁ prītipūrvakam ।
dadāmi buddhiyogaṁ taṁ
yena māmupayānti te ॥

11....

teṣām evānukampārtham
ahamajñānajaṁ tamaḥ ।
nāśayāmy ātmabhāvastho
jñānadīpena bhāsvatā ॥

arjuna uvāca

12...

paraṁ brahma paraṁ dhāma
pavitraṁ paramaṁ bhavān ।
puruṣaṁ śāśvataṁ divyam
ādidevamajaṁ vibhum ॥

10...

항상 나와 교감하며
사랑으로 나를 신애하는 이들을 위해
나는 이 지혜의 수행(buddhi-yoga)[7]을 준다.
그러면 그들은 이 지혜를 통해 나에게 이를 수 있다.

11....

나는 진실로 그들을 가엾이 여긴다.
그래서 그들 가슴 안에[8] 머물면서 지혜의 빛을 주리라.
그들 안에 머물러 있는 지혜의 등불로
무지에서 생겨난 어둠을 몰아내게 하리라.

아르주나가 말했다.

12...

당신은
지고의 브라만이시며,
지고의 거주처이시며,
지고의 정화자이십니다.
당신은 영원히 신성한 우주정신이요,
태어남이 없으나
어디에나 두루 존재하시는 최초의 신이시라고.

---

7 'buddhi yoga(붓디요가)'는 초월적인 마음, 초월적인 마음의 식별능력을 일컫는다.

8 그들 자신, 즉 아트만을 의미한다.

13...

āhu stvām ṛṣayaḥ sarve
devarṣir nāradas tathā ।
asito devalo vyāsaḥ
svayaṁ caiva bravīṣi me ॥

14....

sarvam etad ṛtaṁ manye
yan māṁ vadasi keśava ।
na hi te bhagavan vyaktiṁ
vidur devā na dānavāḥ ॥

15....

svayam evātmanātmānaṁ
vettha tvaṁ puruṣottama ।
bhūtabhāvana bhūteśa
devadeva jagatpate ॥

13...
모든 현자들은 당신을 그런 분이라고 말합니다.
당신은 영원하시며,
신성한 현자인
나라다, 아시타, 데발라, 브야사도 그렇게 말했습니다.
그리고 당신 스스로도 그렇다고 말씀하십니다.

14....
크리슈나여!
당신께서 저에게 말씀하신
이 모두가 진실이라고 생각합니다.
왜냐하면 신들도 악마들도 당신이 자신을 드러내는 모습을
다 알 수는 없기 때문이지요.

15....
오, 지고의 크리슈나여!
모든 존재의 근원이시여!
존재들의 주인이시여!
신들의 신이시여!
세계의 지배자시여!
당신만이 당신 자신을 아십니다.

16...

vaktum arhasy aśeṣeṇa
divyā hy ātmavibhūtayaḥ ।
yābhir vibhūtibhir lokān
imāṁstvaṁ vyāpya tiṣṭhasi ॥

17...

kathaṁ vidyām ahaṁ yogiṁs
tvāṁ sadā paricintayan ।
keṣu keṣu ca bhāveṣu
cintyo'si bhagavan mayā ॥

18....

vistareṇātmano yogaṁ
vibhūtiṁ ca janārdana ।
bhūyaḥ kathaya tṛptirhi
śṛṇvato nāsti me 'mṛtam ॥

16...
당신만이 당신의 신성한 힘에 대하여
남김없이 말씀해 주실 수 있습니다.
이 세상을 가득 채우고 계신 당신,
당신의 위력(현현)을 남김없이 말씀해 주십시오.

17...
크리슈나여,
요가의 주主이시여,
제가 어떻게 해야
언제 어디서나 항상 당신만을 생각할 수 있습니까?
당신의 다양한 모습 중에서
어떤 모습에 마음을 모아야 합니까?

18....
크리슈나여,
당신의 신비한 능력과 현현에 대하여
더 자세히 말씀해 주십시오.
당신의 말씀은 불멸의 감로와 같은 말씀입니다.
듣고 또 들어도 더 듣고 싶습니다.

śrī bhagavān uvāca

19...

hanta te kathayiṣyāmi
divyā hy ātmavibhūtayaḥ ।
prādhānyataḥ kuruśreṣṭha
nāsty anto vistarasya me ॥

20....

aham ātmā guḍākeśa
sarvabhūtāśayasthitaḥ ।
aham ādiś ca madhyaṁ ca
bhūtānām anta eva ca ॥

21...

ādityānām ahaṁ viṣṇur
jyotiṣāṁ ravir aṁśumān ।
marīcir marutām asmi
nakṣatrāṇām ahaṁ śaśī ॥

크리슈나가 말했다.

19...

아르주나여,
나 자신의 위력은 신비하기 때문에
상세히 설명하려면 끝이 없으니
중요한 것 몇 가지만을 말해 주겠다.[9]

20....

아르주나여,
나는 모든 존재의 중심에
자리하고 있는 자아(아트만)이다.
나는 모든 존재의 시작이요, 중간이요, 또한 끝이다.

21...

나는 태양의 신(아디티야)들 가운데 비슈누이다.
나는 빛나는 것들 가운데 눈부신 태양이다.
나는 비바람(마루트)들 가운데 마리치이다.
나는 별들 중에서는 달이다.[10]

---

9 19-42절까지 신은 모든 존재의 정수精髓라는 내용이다.

10 아디티야는 천상의 신들을 말하며, 마루트는 폭풍우와 바람의 신들이며, 그의 우두머리가 마리치이다.

22...

vedānāṁ sāmavedo 'smi
devānām asmi vāsavaḥ ।
indriyāṇāṁ manaś cāsmi
bhūtānām asmi cetanā ॥

23...

rudrāṇāṁ śaṅkaraś cāsmi
vitteśo yakṣarakṣasām ।
vasūnāṁ pāvakaś cāsmi
meruḥ śikhariṇām aham ॥

22...

나는 베다들 중에서는 사마베다이다.
나는 신들 중에서는 인드라이다.
나는 감각기관 중에서는 마음이다.
나는 살아 있는 모든 존재의 정신이다.[11]

23...

나는 루드라들 가운데 샹카라(쉬바)이다.
나는 약샤들과 락샤사들 가운데 부의 신인 쿠베라이다.
나는 바수들 가운데 불(아그니)의 신이다.
나는 산들 가운데 메루산이다.[12]

---

11 모든 경전가운데 신들에게 바치는 『리그베다』의 송가들을 사제들이 노래(sāman)로 읊게 하는 『베다veda』의 일부로서, 『베다』 전체의 정수로 간주되기도 하는 『사마베다』이다. 바사바는 『베다』에서의 주요 신들 가운데 대표적인 신으로, 인드라indra이다.

12 루드라는 폭풍우와 파괴의 신이며, 샹카라는 쉬바Śiva를 일컫는 다른 이름이라고 말한다. 비테샤는 부富의 신 쿠베라kubera를 말한다. 약샤yakṣa들과 락샤사rakṣasa들이란 귀신들이다.
바수vasū는 천상의 신들 가운데 인드라와 관계된 바람, 불, 땅, 대기, 해, 달, 별, 하늘의 신이다. 파바카pāvaka는 불의 신 아그니agni의 이름이다.
메루meru 산은 수미산須彌山이라고도 하며, 세상의 중심에 있고, 신들이 내려와 머무는 산으로 전해진다.

24...

purodhasāṁ ca mukhyaṁ māṁ
viddhi pārtha bṛhaspatim ।
senānīnām ahaṁ skandaḥ
sarasām asmi sāgaraḥ ॥

25...

maharṣīṇāṁ bhṛgur ahaṁ
girām asmy ekam akṣaram ।
yajñānāṁ japayajño 'smi
sthāvarāṇāṁ himālayaḥ ॥

26...

aśvatthaḥ sarvavṛkṣāṇāṁ
devarṣīṇāṁ ca nāradaḥ ।
gandharvāṇāṁ citrarathaḥ
siddhānāṁ kapilo muniḥ ॥

24...

아르주나여, 나는 왕실 사제들 가운데
우두머리인 브리하스파티임을 알아라.
나는 장군들 가운데 전쟁의 신, 스칸다이다.
나는 호수들 중에서는 바다이다.[13]

25...

나는 위대한 현자들 가운데 브리구이다.
나는 모든 언어들 가운데 성스러운 음절 '옴OM'이다.
나는 제사들 가운데 자파japa이다.
나는 움직이지 않는 것들 가운데 히말라야이다.[14]

26...

나는 모든 나무들 중에서는 성스러운 보리수이다.
나는 신성한 현자들 가운데 최고의 현자인 나라다이다.
나는 천상의 악사(간다르바)들 가운데
우두머리인 치트라라타이다.
나는 성취자(싯다)들 중에서는 카필라 성자이다.[15]

---

13 브리하스파티Bṛhaspati는 신들의 사제이다. 스칸다Skanda는 장군들을 지휘하는 전쟁의 신이다.

14 브리구Bhṛgu는 인류의 최초 조상인 마누Manu의 아들이다. 『마누법전』을 암송한 현자로 전해지고 있는 전설적인 인물이다.
자파japa제사란 제사드릴 때 조용히 낮은 소리로 반복해서 읊는 기도이다.

15 치트라라타citraratha는 천상에서 음악을 관장하는 간다르바 중에서 가장 우두머리이다. 카필라kapila는 옛 성자로 수론數論철학, 즉 샹캬철학의 창시자이다. 『바가바드기타』의 형이상학은 샹캬철학의 이원론二元論과 유사한 점이 있다.

27...

uccaiḥśravasam aśvānāṁ
viddhi mām amṛtodbhavam ।
airāvataṁ gajendrāṇāṁ
narāṇāṁ ca narādhipam ॥

28...

āyudhānām ahaṁ vajraṁ
dhenūnām asmi kāmadhuk ।
prajanaś cāsmi kandarpaḥ
sarpāṇām asmi vāsukiḥ ॥

29...

anantaś cāsmi nāgānāṁ
varuṇo yādasām aham ।
pitṝṇām aryamā cāsmi
yamaḥ saṁyamatām aham ॥

27...

나는 말(馬)들 가운데
신성한 감로에서 태어난 우챠이슈라바스이다.
나는 위엄 있는 코끼리들 중에서는 아이라바타이다.
나는 인간들 중에서는 제왕임을 알라.[16]

28...

나는 무기들 가운데 번개이다.
나는 젖소들 가운데 카마두크이다
나는 번식을 주관하는 자 가운데 사랑의 신인 칸다르파이다.
나는 뱀들 가운데 뱀의 왕 바수키이다.[17]

29...

나는 뱀 가운데 영원한 존재 아난타이다.
나는 물에 있는 존재들 가운데 물의 신 바루나이다.
나는 조상들 가운데 우두머리 아리야만이다.
나는 정복자들 가운데 죽음의 신 야마이다.

---

16 우챠이슈라바스는 인드라 신이 타는 말이다. 아이라바타는 인드라 신이 타고 다니는 코끼리이다.

17 카마두크kāmadhuk는 모든 소원을 성취시켜주는 천상의 소를 일컫는다. 칸다르파kandarpa는 사랑과 성적 욕망을 관장하는 신으로서 까마kama라고 불리기도 한다.

30...

prahlādaś cāsmi daityānāṁ
kālaḥ kalayatām aham ।
mṛgāṇāṁ ca mṛgendro 'haṁ
vainateyaś ca pakṣiṇām ॥

31...

pavanaḥ pavatām asmi
rāmaḥ śastrabhṛtām aham ।
jhaṣāṇāṁ makaraś cāsmi
srotasām asmi jāhnavī ॥

32...

sargāṇām ādir antaś ca
madhyaṁ caivāham arjuna ।
adhyātmavidyā vidyānāṁ
vādaḥ pravadatām aham ॥

30...
나는 악령들 가운데 프랄라다이며,
나는 계산하는 것들 가운데 시간이며,
나는 짐승들 가운데 사자이며,
나는 새들 가운데 비슈누가 타는 가루다이다.[18]

31...
나는 정화하는 것들 가운데 바람이다.
나는 전사들 가운데 라마[19]이다.
나는 물고기들 가운데 악어이다.
나는 모든 강들 가운데 갠지스 강이다.

32...
나는 모든 존재의 처음이고,
중간이며, 또한 끝이다.
나는 모든 지식들 가운데 아트만에 관한 앎이며,
나는 논쟁에서는 논쟁의 핵심인 논리이다.

18 프랄라다prahlāda는 비슈누 신과 대적되는 악마 중의 최고의 악마이었으나, 비슈누 신자가 되어 구원받게 되는 악귀이다.
19 라마Rāma는 인도 서사시 『라마야나』의 주인공으로 비슈누 신의 여섯 번째 화신을 가리킬 수 있다.

33...

akṣarāṇām akāro 'smi
dvandvaḥ sāmāsikasya ca ।
aham evākṣayaḥ kālo
dhātāhaṁ viśvatomukhaḥ ॥

34...

mṛtyuḥ sarvaharaś cāham
udbhavaś ca bhaviṣyatām ।
kīrtiḥ śrīrvāk ca nārīṇāṁ
smṛtir medhā dhṛtiḥ kṣamā ॥

35...

bṛhatsāma tathā sāmnāṁ
gāyatrī chandasām aham ।
māsānāṁ mārgaśīrṣo 'ham
ṛtūnāṁ kusumākaraḥ ॥

33...

나는 글자들 중에서는 '아(A)'자[20]이며,
나는 합성어들 가운데 병렬복합어이다.
나는 바로 무한한 시간이다.
나는 수많은 얼굴로 만방을 지켜보는 세상의 유지자이다.

34...

나는 모든 것을 앗아가 버리는 죽음이다.
나는 앞으로 존재하게 될 것의 근원이다.
나는 여성적인 성질의 명사들 중에서
명성, 행운, 말(言), 기억, 지혜, 확고함, 인내이다.[21]

35...

나는 베다 찬가들 가운데 브리하트 찬가[22]이다.
나는 운율들 가운데 가야트리이다.
나는 열두 달 가운데 첫째 달(마르가쉬르사)이다.
나는 계절 가운데 꽃피는 계절인 봄이다.

---

20 '아'자는 산스크리트 알파벳의 첫 글자이다. 병렬복합어(dvandva)는 '-과(and)'를 빼고 두 개의 명사를 동등하게 나란히 쓰는 용법이다. 이는 만물이 어떠한 차별 없이 동등한 자격으로 결합한다는 의미를 말해주고 있다. 예를 들면, 부부, 남녀, 희비, 한열, 선악과 같은 관계이다.

21 참고로 산스크리트로 명성(kīrti), 행운(śrī), 말(vāc) 등은 모두 여성명사이다.

22 브리하트 찬가(bṛhat-sāma)는 가장 아름다운 선율이다. 가야트리 gāyatrī는 여덟 음절씩 세 번이 반복되는 운율의 형식이다.

36...

dyūtaṁ chalayatām asmi
tejas tejasvinām aham ।
jayo 'smi vyavasāyo 'smi
sattvaṁ sattvavatām aham ॥

37...

vṛṣṇīnāṁ vāsudevo 'smi
pāṇḍavānāṁ dhanaṁjayaḥ ।
munīnām apy ahaṁ vyāsaḥ
kavīnām uśanā kaviḥ ॥

38...

daṇḍo damayatām asmi
nītir asmi jigīṣatām ।
maunaṁ caivāsmi guhyānāṁ
jñānaṁ jñānavatām aham ॥

36...

나는 사기꾼들의 도박이다.
나는 빛나는 것들의 빛줄기이다.
나는 승리자들의 노력과 승리이다.
나는 선한 자들의 신의 속성(사트바)이다.

37...

나는 브리슈니 가문 가운데 바수데바이다.
나는 판두의 아들들 가운데 다난자야이다.
나는 성자들 가운데 뱌사이다.
나는 성자들 가운데 우샤나스이다.[23]

38...

나는 다스리는 자들의 몽둥이이다.
나는 정복하려는 자들의 통치술이다.
나는 비밀들 가운데 침묵이다.
나는 지혜로운 자의 지혜이다.

23 브리슈니vṛṣṇī는 크리슈나 자신의 종족의 이름이다. 바수데바vāsudeva는 크리슈나를 바수데바의 아들이라고 일컫고 있다. 브야사vyāsa는 『바가바드기타』의 저자로 알려진 성자이다. 우샤나스uśanā는 전설적인 신들 가운데 전능全能하신 성자이다.

39...

yac cāpi sarvabhūtānāṁ
bījaṁ tad aham arjuna ।
na tad asti vinā yat syān
mayā bhūtaṁ carācaram ॥

40...

nānto 'sti mama divyānāṁ
vibhūtīnāṁ paraṁtapa ।
eṣa tūddeśataḥ prokto
vibhūter vistaro mayā ॥

41...

yad yad vibhūtimat sattvaṁ
śrīmad ūrjitam eva vā ।
tat tad evāvagaccha tvaṁ
mama tejoṁśasaṁbhavam ॥

42...

athavā bahunaitena
kiṁ jñātena tavārjuna ।
viṣṭabhyāham idaṁ kṛtsnam
ekāṁśena sthito jagat ॥

39...

아르주나여, 나는 모든 존재들의 씨앗이다.
움직이는 것이든
움직이지 않는 것이든
나 없이 존재할 수 있는 것은 아무 것도 없다.

40...

아르주나여,
나의 신적인 현현은 끝이 없다.
지금까지 말한 나의 위력들은
아주 일부에 지나지 않는다.

41...

어떤 존재가 강력하고, 멋지고,
활기찬 능력을 지녔다 하더라도
현상세계에 존재하는 모든 것들은
그것이 나의 영광의 파편들이다.

42...

아르주나여,
그러나 이 모든 장황한 것들을 다 알아서
무슨 소용이 있겠는가?
나는 내 자신의 한 부분으로
온 세상을 유지시키며 머물고 있다.

제10장 [신성의 드러남]

제11장

신의 우주적 형상

viśvarūpadarśana yoga

mat-karma-kṛn mat-paramo
mad-bhaktaḥ saṅga-varjitaḥ
nirvairaḥ sarva-bhūteṣu
yaḥ sa mām eti pāṇḍava ‖ 11.55

나를 위해 행위하는 사람, 나를 궁극적인 목적으로 여기는 사람,
나에게 헌신하는 사람, 집착에서 자유로운 사람,
그 어느 누구에게도 적대감을 갖지 않는 사람만이
나에게로 온다. 그럼으로써 나와 하나가 된다.
아르주나여, (11.55)

arjuna uvāca

1...

madanugrahāya paramaṁ
guhyam adhyātmasaṁjñitam ।
yat tvayoktaṁ vacas tena
moho 'yaṁ vigato mama ॥

2...

bhavāpyayau hi bhūtānāṁ
śrutau vistaraśo mayā ।
tvattaḥ kamala-patrākṣa
māhātmyam api cāvyayam ॥

3...

evam etad yathāttha tvam
ātmānaṁ parameśvara ।
draṣṭum icchāmi te rūpam
aiśvaraṁ puruṣottama ॥

아르주나가 말했다.

1...
지고한 자아에 관한 비밀스러운 가르침을
말씀해 주셨습니다.
당신의 가르침으로, 저를 덮고 있던 망상이 사라졌습니다.
이것은 당신의 은혜입니다.

2...
당신은 모든 존재의 생성과 소멸에 대해 말씀해주셨습니다.
크리슈나여(연꽃잎 같은 눈을 지니신 분이여)!
그리고 당신은 영원히 존재한다는
당신 자신의 위대함에 대해서도 말씀해주셨습니다.

3...
지고의 정신이신 당신은
당신 자신에 대해 말씀하신 그대로입니다.
크리슈나여, 저는 감히 존엄한 당신 모습을 보고 싶습니다.
지고의 정신, 크리슈나여![1]

1 아르주나가 브라만으로서의 신神의 모습이 아닌 인격체로서의 모습인 비슈누의 모습을 보여주시길 요청하고 있다. 그래서 지고한 정신(puruṣottama)이라고 부른다.

4...

manyase yadi tac chakyaṁ
mayā draṣṭum iti prabho ।
yogeśvara tato me tvaṁ
darśayātmānam avyayam ॥

śrī bhagavān uvāca

5...

paśya me pārtha rūpāṇi
śataśo 'tha sahasraśaḥ ।
nānā-vidhāni divyāni
nānā-varṇākṛtīni ca ॥

6...

paśyādityān vasūn rudrān
aśvinau marutas thatā ।
bahūny adṛṣṭa-pūrvāṇi
paśyāścaryāṇi bhārata ॥

4...

오, 주여! 만약 제가 그 모습을
볼 수 있다고 생각하신다면, 크리슈나여!
당신의 불멸의 자아를 저에게 보여주십시오.
요가의 주主이시여,

크리슈나가 말했다.

5...

보라, 아르주나여,
수백 수천 가지
색깔과 모양을 가지고 있는
나의 다양한 신적인 형상들을.

6...

아디티야들, 바수들, 루드라들,
아슈빈들, 마루트들과[2]
지금까지 한 번도 본 적이 없는
이들의 경이로운 것들을 보라. 아르주나여.

2 아디티야adityā는 태양의 신들, 바수vasū는 천상의 신, 곧 인드라의 명령을 받아 물, 불, 바람, 부 등을 다스리는 신들, 루드라rudrā는 파괴의 신, 아슈빈aśvin은 바람의 신, 마루트marut는 폭풍의 신을 지칭한다.

7...

ihaika-sthaṁ jagat kṛtsnaṁ
paśyādya sa-carācaram ।
mama dehe guḍākeśa
yac cānyad draṣṭum icchasi ॥

8...

na tu māṁ śakyase draṣṭum
anenaiva sva-cakṣuṣā ।
divyaṁ dadāmi te cakṣuḥ
paśya me yogam aiśvaram ॥

sañjaya uvāca

9...

evam uktvā tato rājan
mahā-yogeśvaro hariḥ ।
darśayām āsa pārthāya
paramaṁ rūpam aiśvaram ॥

7...

아르주나여, 이 세상 모든 것들이
나의 몸 안에서 움직이고 있음을 보아라.
움직이는 것과 움직이지 않는 것,
그리고 그대가 보고 싶어 하는 것들이 모두
내 안에 있음을 보아라.

8...

하지만 그대의 눈으로는
나를 볼 수 없다.
내가 그대에게 신적인 눈을 줄 터이니,
나의 존엄한 힘을 보아라.

산자야가 말했다. (9-14절)

9...[3]

왕이시여,
그렇게 말한 뒤에,
크리슈나는 아르주나를 위해
주主로서의 존엄한 형상을 보여주셨습니다.

3 9-34절에서 신의 우주적 형상을 말한다.

10...

aneka-vaktra-nayanam
anekādbhuta-darśanam ।
aneka-divyābharaṇaṁ
divyānekodyatāyudham ॥

11...

divya-mālyāmbara-dharaṁ
divya-gandhānulepanam ।
sarvāścaryamayaṁ devam
anantaṁ viśvato-mukham ॥

12...

divi sūrya-sahasrasya
bhaved yugapad utthitā ।
yadi bhāḥ sadṛśī sā syād
bhāsas tasya mahātmanaḥ ॥

13...

tatraika-sthaṁ jagat kṛtsnaṁ
pravibhaktam anekadhā ।
apaśyad deva-devasya
śarīre pāṇḍavas tadā ॥

10...
수많은 천상의 보석을 장식한
수많은 얼굴을 지닌 모습들을 보여주셨습니다.
수많은 신성한 무기들을 들고 계시는
기이한 모습들로 아르주나에게 나타나고,

11...
신성한 화환과 옷을 걸치시고,
신성한 향료를 바르시고,
사방으로 얼굴을 향하고 계시는 그런 모습으로
모든 신의 형상을 아르주나에게 보여주셨습니다.

12...
마치 하늘에서 천 개의 태양이
동시에 그 빛을 뿜는 것처럼,
크리슈나의 찬란한 광채가
그와 같을 것입니다.

13...
그때 아르주나는 드디어 보았습니다.
신들의 신神인 크리슈나의 몸 안에서,
다양한 모습으로 전개되는 이 세상이
하나로 모여 있음을 보았습니다.

14...

tataḥ sa vismayāviṣṭo
hṛṣṭa-romā dhanañjayaḥ ।
praṇamya śirasā devaṁ
kṛtāñjalir abhāṣata ॥

arjuna uvāca
15...

paśyāmi devāṁs tava deva dehe
sarvāṁs tathā bhūta-viśeṣa-saṅghān ।
brahmāṇam īśaṁ kamalāsana-stham
ṛṣīṁś ca sarvān uragāṁś ca divyān ॥

16...

aneka-bāhūdara-vaktra-netraṁ
paśyāmi tvāṁ sarvato 'nanta-rūpam ।
nāntaṁ na madhyaṁ na punas tavādiṁ
paśyāmi viśveśvara viśva-rūpa ॥

14...
그러자 놀라움으로 가득 차
머리털이 곤두 선 아르주나는
신 앞에 두 손을 모으고 머리 숙여 절하며
이렇게 말했습니다.

아르주나가 말했다.
15...
신이시여! 저는 모든 신들과 다양한 존재의 무리가
당신 안에 있는 것을 봅니다.
연꽃 위에 앉아 계시는 창조주 브라만을 봅니다.
모든 현자들과 천상의 뱀들을 봅니다.

16...
수많은 팔과 배와 얼굴과 눈을 가지고 있으며,
사방으로 무한한 형상을 지닌 당신을 봅니다.
그러나 당신의 끝도,
당신의 중간도,
당신의 시작도 볼 수 없습니다.
온 우주의 주인이시여, 일체의 형상을 지니신 이여,

17...

kirīṭinaṁ gadinaṁ cakriṇaṁ ca
tejo-rāśiṁ sarvato dīptimantam |
paśyāmi tvāṁ durnirīkṣyaṁ samantād
dīptānalārka-dyutim aprameyam ||

18...

tvam akṣaraṁ paramaṁ veditavyaṁ
tvam asya viśvasya paraṁ nidhānam |
tvam avyayaḥ śāśvata-dharma-goptā
sanātanas tvaṁ puruṣo mato me ||

19...

anādi-madhyāntam ananta-vīryam
ananta-bāhuṁśaśi-sūrya-netram |
paśyāmi tvāṁ dīpta-hutāśa-vaktraṁ
sva-tejasā viśvam idaṁ tapantam ||

17...

당신은 왕관을 쓰시고 곤봉과 원반을 들고 계십니다.[4]
당신은 태양처럼 사방으로 광채가 퍼져나갑니다.
그 광채를 눈을 뜨고 바라볼 수 없습니다.
당신의 몸이 수천 개의 태양이 타오르며 빛을 내뿜는
에너지 덩어리처럼 눈부시기에
당신을 똑바로 바라보기 어렵고,
헤아릴 수도 없는 당신을 봅니다.

18...

당신은 불멸이시며, 궁극적이고 지고한 존재이십니다.
깨달음을 통해서 알아야 할 최고의 대상이십니다.
당신은 모든 피조물의 궁극적인 안식처이십니다.
당신은 진리를 지키는 영원한 수호자이십니다.
나는 당신이 영원한 정신이라고 믿습니다.

19...

당신은 시작도 중간도 끝도 없으십니다.
무한한 힘과 무수한 팔을 지니고 계십니다.
태양과 달이 당신의 눈이며, 입으로는 불을 내뿜고 있습니다.
당신에게서 펼쳐지는 광휘가 온 세상을 가득 채우고 있습니다.

4 곤봉은 인간의 무지를 없애주려고, 원반거울은 깨달음의 빛을 비추기 위해서 들고 있음을 말한다.

20...

dyāv ā-pṛthivyor idam antaraṁhi
vyāptaṁ tvayaikena diśaś ca sarvāḥ ।
dṛṣṭvādbhutaṁ rūpam ugraṁ tavedaṁ
loka-trayaṁ pravyathitaṁ mahātman ॥

21...

amī hi tvāṁ sura-saṅghā viśanti
kecid bhītāḥ prāñjalayo gṛṇanti ।
svastīty uktvā maharṣi-siddha-saṅghāḥ
stuvanti tvāṁ stutibhiḥ puṣkalābhiḥ ॥

22...

rudrādityā vasavo ye ca sādhyā
viśve 'śvinau marutaś coṣmapāś ca ।
gandharva-yakṣāsura-siddha-saṅghā
vīkṣante tvāṁ vismitāś caiva sarve ॥

23...

rūpaṁ mahat te bahu-vaktra-netraṁ
mahā-bāho bahu-bāhūru-pādam ।
bahūdaraṁ bahu-daṁṣṭrā-karālaṁ
dṛṣṭvā lokāḥ pravyathitās tathāham ॥

20...

하늘과 땅 사이의 공간이 당신으로만 가득 차 있습니다.
당신의 이 놀랍고도 무서운 모습을 보고
삼계가 전율합니다.
위대한 분이시여,

21...

저 신들이 당신 안으로 빨려 들어갑니다.
어떤 자들은 두려워서 합장을 하고 당신을 찬양합니다.
위대한 현자들과 성인[5]들이
빛나는 찬가들로 당신을 찬양하며 경배합니다.

22...

모든 루드라, 아디티야, 바수들,
사디야, 비슈바데바, 아슈빈, 마루트, 우슈마파들,
그리고 간다르바, 약사, 아수라들, 또한 성인들,
이들 모두가 놀라워하며 당신을 바라보고 있습니다.

23...

크리슈나여, 수많은 얼굴과 눈,
수많은 팔과 다리와 발, 수많은 배,
수많은 무시무시한 송곳니를 지니신
당신의 위대한 형상에 온 세상이 두려움에 넋을 잃었습니다.
저 또한 두려워 어찌할 줄 모르겠습니다.

5 'siddha'는 완성된 자, 성취자, 성인을 말한다.

24...

nabhaḥ-spṛśaṁ dīptam aneka-varṇaṁ
vyāttānanaṁ dīpta-viśāla-netram ।
dṛṣṭvā hi tvāṁ pravyathitāntar-ātmā
dhṛtiṁ na vindāmi śamaṁ ca viṣṇo ॥

25...

daṁṣṭrā-karālāni ca te mukhāni
dṛṣṭvaiva kālānala-sannibhāni ।
diśo na jāne na labhe ca śarma
prasīda deveśa jagan-nivāsa ॥

26...

amī ca tvāṁ dhṛtarāṣṭrasya putrāḥ
sarve sahaivāvani-pāla-saṅghaiḥ ।
bhīṣmo droṇaḥ sūta-putras tathāsau
sahāsmadīyair api yodha-mukhyaiḥ ॥

24...

불타는 듯한 커다란 눈과 크게 벌린 입,
오색찬란한 색깔의 광채를 뿜어대며
하늘까지 닿을 듯한 당신의 거대한 모습을 보고서,
내 마음 깊은 곳까지 두려움이 밀려듭니다.
몸의 힘이 다 빠지고, 어떠한 평온도 찾지 못하겠습니다.
비슈누여,

25...

크게 벌린 입에서는 종말의 불[6]과 같은
불길이 뿜어져 나오고,
또 무시무시한 송곳니를 보니
저는 종잡을 수 없고 안식처도 찾을 수 없습니다.
저에게 자비를 베푸소서, 신들의 주인인 크리슈나여,

26...

그리고 드리타라슈트라 왕의 모든 아들들과
왕들의 무리, 비슈마, 드로나,
그리고 전차장의 아들인 카르나와
우리 편의 으뜸가는 전사들도 함께

6 '종말의 불'이란 모든 것을 태워버리는 세상의 종말을 의미한다.

27...

vaktrāṇi te tvaramāṇā viśanti
daṁṣṭrā-karālāni bhayānakāni ।
kecid vilagnā daśanāntareṣu
sandṛśyante cūrṇitair uttamāṅgaiḥ ॥

28...

yathā nadīnāṁ bahavo 'mbu-vegāḥ
samudram evābhimukhā dravanti ।
tathā tavāmī nara-loka-vīrā
viśanti vaktrāṇy abhivijvalanti ॥

29...

yathā pradīptaṁ jvalanaṁ pataṅgā
viśanti nāśāya samṛddha-vegāḥ ।
tathaiva nāśāya viśanti lokās
tavāpi vaktrāṇi samṛddha-vegāḥ ॥

30...

lelihyase grasamānaḥ samantāl
lokān samagrān vadanair jvaladbhiḥ ।
tejobhir āpūrya jagat samagraṁ
bhāsas tavogrāḥ pratapanti viṣṇo ॥

27...
바라보기조차 끔찍한 송곳니를 가진 당신의 입속으로
순식간에 빨려 들어갑니다.
어떤 사람들은 당신의 이빨 사이에 끼여
머리가 산산조각 나는 것이 보입니다.

28...
수많은 강들이
바다로 흘러가듯이,
그렇게 이 세상의 모든 영웅들도
당신의 불타오르는 입속으로 빨려 들어가고 있습니다.

29...
나방들이 파멸을 향해
타오르는 불길 속으로 뛰어들듯이,
사람들이 자신의 파멸을 향해
당신의 입속으로 돌진해 들어갑니다.

30...
당신은 불타는 입으로 세상을 온통 삼키고
불타는 혀로 그것들을 핥아 삼킵니다.
비슈누시여, 당신이 뿜어내는 무서운 불꽃은
온 세상을 열기로 가득 채우고 모두 태워버리십니다.

31...

ākhyāhi me ko bhavān ugra-rūpo
namo 'stu te deva-vara prasīda ।
vijñātum icchāmi bhavantam ādyaṁ
na hi prajānāmi tava pravṛttim ॥

śrī bhagavān uvāca

32...

kālo 'smi loka-kṣaya-kṛt pravṛddho
lokān samāhartum iha pravṛttaḥ ।
ṛte 'pi tvāṁ na bhaviṣyanti sarve
ye 'vasthitāḥ pratyanīkeṣu yodhāḥ ॥

33...

tasmāt tvam uttiṣṭha yaśo labhasva
jitvā śatrūn bhuṅkṣva rājyaṁ samṛddham ।
mayaivaite nihatāḥ pūrvam eva
nimitta-mātraṁbhava savya-sācin ॥

31...

지고의 신이시여! 그토록 무서운 모습을 하고 계신
당신이 누구인지 말하여 주십시오.
당신 앞에 엎드리오니 자비를 베푸소서.
저는 본래의 당신을 알고 싶습니다.
왜냐하면 당신께서 하시는 일을
저는 도무지 이해하지 못하기 때문입니다.

크리슈나가 말했다.

32...

나는 만물을 파괴하는자, 시간이다
이제 이 세상들을 파괴하고 있다.
그대가 전투에 임하지 않더라도
적진에 도열해 있는 모든 전사들은
아무도 살아남지 못할 것이다.

33...

그러므로 그대는 일어나 싸우라. 명예를 얻어라.
적들을 정복하고서 옛 왕국의 번영을 누려라.
저들은 오래전 이미 나에 의해 죽은 자들이다.
그대는 오로지 나의 도구로 여겨라. 아르주나여,

34...

droṇaṁ ca bhīṣmaṁ ca jayadrathaṁ ca
karṇaṁ tathānyān api yodha-vīrān ।
mayā hatāṁs tvaṁ jahi mā vyathiṣṭhā
yudhyasva jetāsi raṇe sapatnān ॥

sañjaya uvāca

35...

etac chrutvā vacanaṁ keśavasya
kṛtāñjalir vepamānaḥ kirītī ।
namaskṛtvā bhūya evāha kṛṣṇa
sa-gadgadaṁ bhīta-bhītaḥ praṇamya ॥

arjuna uvāca

36...

sthāne hṛṣīkeśa tava prakīrtyā
jagat prahṛṣyaty anurajyate ca ।
rakṣāṁsi bhītāni diśo dravanti
sarve namasyanti ca siddha-saṅghāḥ ॥

34...
드로나, 비슈마, 자야드라타, 카르나와
다른 용감한 전사들은 이미 나에게 죽은 자들이다.
그대는 나에 의해 죽은 자들을
두려워하지 말고 죽이도록 하라.
주저하지 말고 싸워라.
이 전투의 승리는 이미 그대의 것이다.

산자야가 말했다.
35...
크리슈나의 이 말씀을 듣고서,
왕관을 쓴 아르주나는 합장하여 경배드리고,
두려움에 떨면서 더듬거리는 목소리로
크리슈나에게 다시 여쭈었습니다.

아르주나가 말했다.
36...[7]
크리슈나여, 온 세상이 당신을 찬양하면서
기뻐하고 즐거워하는 것은 마땅합니다.
겁에 질린 악마들은 사방으로 달아나고
모든 성인들은 당신을 경배합니다.

7 36-46절까지 아르주나의 찬양이다.

37...

kasmāc ca te na nameran mahātman
garīyase brahmaṇo 'py ādi-kartre ।
ananta deveśa jagan-nivāsa
tvam akṣaraṁ sad-asat tat paraṁ yat ॥

38...

tvam ādi-devaḥ puruṣaḥ purāṇas
tvam asya viśvasya paraṁ nidhānam ।
vettāsi vedyaṁ ca paraṁ ca dhāma
tvayā tataṁ viśvam ananta-rūpa ॥

37...

크리슈나여, 어찌 당신을 경배하지 않을 수 있겠습니까?
당신은 위대한 영혼이십니다.
당신은 최초의 원인이십니다.
창조자 브라만조차 당신에게서 나왔습니다.
당신은 항상 현존하는 영원한 분입니다.
당신은 신들의 주인입니다.
당신은 온 세상의 거주처입니다.
당신은 존재이자 비존재이십니다. 그리고
당신은 존재, 비존재의 이원성을 초월한 불멸자입니다.

38...

당신은 태초의 신이시며, 태초의 정신(푸루샤)입니다.
당신은 우주의 근원이며 세상의 궁극적인 저장고입니다.
당신은 앎의 주체이며, 앎의 대상입니다.
당신은 또한 지고의 목적지이십니다.
당신은 온 세상을 채우고 있습니다.
세상의 무한한 형상들이 모두 당신입니다.

39...

vāyur yamo 'gnir varuṇaḥ śaśāṅkaḥ
prajāpatis tvaṁ prapitāmahaś ca ।
namo namas te 'stu sahasra-kṛtvaḥ
punaś ca bhūyo 'pi namo namas te ॥

40...

namaḥ purastād atha pṛṣṭhatas te
namo 'stu te sarvata eva sarva ।
ananta-vīryāmita-vikramas tvaṁ
sarvaṁ samāpnoṣi tato 'si sarvaḥ ॥

41...

sakheti matvā prasabhaṁ yad uktaṁ
he kṛṣṇa he yādava he sakheti ।
ajānatā mahimānaṁ tavedaṁ
mayā pramādāt praṇayena vāpi ॥

39...

당신은 바람의 신 바유입니다.
당신은 죽음의 신 야마입니다.
당신은 불의 신 아그니입니다.
당신은 바다의 신 바루나입니다.
당신은 달이시며, 프라자파티입니다.
당신은 모든 존재들의 최초의 조상이십니다.
그러기에 당신께 천 번 만 번 경배하고 또 경배합니다.

40...

앞에서도 뒤에서도 당신께 경배합니다.
사방을 향해 당신께 경배를!
당신은 모든 것이며, 어디에나 계십니다.
당신의 능력은 측량할 길이 없습니다.
당신은 모든 존재 안에 스며들어 현존하십니다.
그러므로 당신은 모든 것, 그 자체이십니다.

41...

이와 같은 당신의 위대함을 몰라보고
저는 당신을 단순히 친구 정도로만 여겼습니다.
그리하여 경솔하게 혹은 애정으로
'어이, 크리슈나', '어이, 야다바', '어이, 친구'라고 불렀습니다.

42...

yac cāvahāsārtham asat-kṛto 'si
vihāra-śayyāsana-bhojaneṣu ।
eko 'tha vāpy acyuta tat-samakṣaṁ
tat kṣāmaye tvām aham aprameyam ॥

43...

pitāsi lokasya carācarasya
tvam asya pūjyaś ca gurur garīyān ।
na tvat-samo 'sty abhyadhikaḥkuto 'nyo
loka-traye 'py apratima-prabhāva ॥

44...

tasmāt praṇamya praṇidhāya kāyaṁ
prasādaye tvām aham īśam īḍyam ।
piteva putrasya sakheva sakhyuḥ
priyaḥ priyāyārhasi deva soḍhum ॥

42...

그리고 함께 놀 때, 쉴 때, 식사할 때,
여럿이 모여 있을 때, 혼자 있을 때, 함께 있을 때,
당신께 어떤 식으로든
장난삼아 모욕적인 말을 했을지도 모릅니다.
헤아릴 수 없이 무한하신 당신께 간청하오니
부디 저의 무례한 행동을 용서하여 주십시오. 크리슈나여,

43...

당신은 이 세상의 아버지입니다.
당신은 움직이거나 움직이지 않는 것들이 있는 세상 모든 것의 아버지입니다.
당신은 이 세상의 숭배를 받아 마땅한 분입니다.
당신은 가장 값진 분이시며 위대한 스승입니다.
당신과 견줄 존재가 어느 곳에도 없습니다.
삼계三界에 당신을 능가하는 존재가 있을 수 있겠습니까?

44...

그러므로 저는 엎드려 당신께 간절히 청합니다.
칭송받아 마땅한 주主이시여, 저에게 은혜를 베풀어 주소서.
아버지가 아들에게 하듯이, 친구가 친구에게 하듯이,
연인이 그의 연인에게 하듯이 저를 용서하여 주십시오.

45...

adṛṣṭa-pūrvaṁ hṛṣito 'smi dṛṣṭvā
bhayena ca pravyathitaṁ mano me ।
tad eva me darśaya deva rūpaṁ
prasīda deveśa jagan-nivāsa ॥

46...

kirīṭinaṁ gadinaṁ cakra-hastam
icchāmi tvāṁ draṣṭum ahaṁ tathaiva ।
tenaiva rūpeṇa catur-bhujena
sahasra-bāho bhava viśva-mūrte ॥

śrī bhagavān uvāca

47...

may prasannena tavārjunedaṁ
rūpaṁ paraṁ darśitam ātma-yogāt ।
tejo-mayaṁ viśvam anantam ādyaṁ
yan me tvad anyena na dṛṣṭa-pūrvam ॥

45...

이전에는 결코 본 적이 없는 당신의 모습을 보니 기쁩니다.
그렇지만 두려움으로 떨고 있습니다.
자비를 베푸시어 부디 이전의 모습[8]으로 돌아와 주십시오.
신들의 주인이시여, 모든 존재의 거주처여,

46...

머리에 왕관을 쓰고, 곤봉을 지니고, 손에 원반[9]을 들고 계신
그러한 당신의 자비로운 모습만을 보고 싶습니다.
천 개의 팔을 지닌 무서운 형상의 당신보다는
네 개의 팔을 지닌 당신의 이전 모습만을 보고 싶습니다.
우주의 모습을 하고 계시는 분이시여!

크리슈나가 말했다.

47...

아르주나여, 나는 그대에게 은총을 베풀어,
나 자신의 요가의 힘[10]으로 이 지고의 형상을 보여주었다.
빛으로 가득하고, 모든 것이며,
한계가 없는 나의 우주적인 모습을
이제까지 그대 말고는 아무도 본 적이 없단다.

8 이전의 모습이란 찬란한 빛으로 가득한 신이며, 자비롭고 지고한 신의 모습을 말하고 있다.

9 왕관은 신의 상징이며, 곤봉은 죄악을 쳐부수는 도구이며, 손에 들고 있는 원반(거울)은 어둠(無智)을 밝히기 위한 도구이다.

10 여기서 '요가의 힘'이란 '수행'이라는 의미이다.

48...

na veda-yajñādhyayanair na dānair
na ca kriyābhir na tapobhir ugraiḥ ।
evaṁ-rūpaḥ śakya ahaṁ nṛ-loke
draṣṭuṁ tvad anyena kuru-pravīra ॥

49...

mā te vyathā mā ca vimūḍha-bhāvo
dṛṣṭvā rūpaṁ ghoram īdṛṅ mamedam ।
vyapeta-bhīḥ prīta-manāḥ punas tvaṁ
tad eva me rūpam idaṁ prapaśya ॥

sañjaya uvāca

50...

ity arjunaṁ vāsudevas tathoktvā
svakaṁ rūpaṁ darśayām āsa bhūyaḥ ।
āśvāsayām āsa ca bhītam enaṁ
bhūtvā punaḥ saumya-vapur mahātmā ॥

48...

베다 공부에 의해서도, 희생제의에 의해서도,
보시에 의해서도, 제사의식에 의해서도,
혹독한 고행에 의해서도, 그 무엇에 의해서도 이 세상에서
그대 외에는 아무도 이러한 모습의 나를 볼 수 없었다.
아르주나여,

49...

이와 같이 무서운 나의 모습을 보고서
그대는 두려워하거나 놀라지 말라.
이제 무서운 나의 모습을 거두어 들일테니
두려움에서 벗어나 편안한 마음으로
나의 이전 모습을 보아라.

산자야가 말했다.

50...

크리슈나는 아르주나에게 이렇게 말하고서
다시 그 자신의 이전 모습을 보여 주었습니다.
그리고 위대한 그는 온화한 모습이 되어
두려워하는 그를 위로해 주었습니다.

arjuna uvāca

51...

dṛṣṭvedaṁ mānuṣaṁ
rūpaṁ tava saumyaṁ janārdana ।
idānīm asmi saṁvṛttaḥ
sa-cetāḥ prakṛtiṁ gataḥ ॥

śrī bhagavān uvāca

52...

su-durdarśam idaṁ rūpaṁ
dṛṣṭavān asi yan mama ।
devā apy asya rūpasya
nityaṁ darśana-kāṅkṣiṇaḥ ॥

53...

nāhaṁ vedair na tapasā
na dānena na cejyayā ।
śakya evaṁ-vidho draṣṭuṁ
dṛṣṭavān asi māṁ yathā ॥

아르주나가 말했다.

51...

크리슈나여,
당신의 온화한 인간의 모습을 보니,
이제 저의 마음이 안정되어
본래의 상태로 돌아왔습니다.

크리슈나가 말했다.

52...

그대가 보았던 나의 이 모습은
지극히 보기 어려운 것이다.
신들조차도
나의 이 모습을 보기를 항상 갈망하곤 한다.

53...

경전공부를 통해서도,
고행이나 보시로도, 희생 제의로도,
그대가 금방 본 것과 같은
모습의 나를 결코 볼 수 없다.

54...

bhaktyā tv ananyayā śakya
aham evaṁ-vidho 'rjuna |
jñātuṁ draṣṭuṁ ca tattvena
praveṣṭuṁ ca parantapa ||

55...

mat-karma-kṛn mat-paramo
mad-bhaktaḥ saṅga-varjitaḥ |
nirvairaḥ sarva-bhūteṣu
yaḥsa mām eti pāṇḍava ||

54...

그러나 나에 대한 한결같은 신애를 통해서만
이러한 모습의 나를 알 수 있으며,
나를 있는 그대로 깨달을 수 있으며,
진실로 나에게 들어와 하나될 수 있단다. 아르주나여,[11]

55...

나를 위해 행위하는 사람,
나를 궁극적인 목적으로 여기는 사람,
나에게 헌신하는 사람, 집착에서 자유로운 사람,
그 어느 누구에게도 적대감을 갖지 않는 사람만이
나에게로 온다. 그럼으로써 나와 하나가 된다. 아르주나여.

제11장 [신의 우주적 형상]

11 흔들림없이 크리슈나에 대한 헌신(bhakti)만이 신을 알고 볼 수 있을 뿐만 아니라, 결국 그의 안으로 들어갈 수 있다고 말한다. 이는 곧 신 안에서 해탈의 영원한 삶을 누릴 수 있다는 신애사상(박티요가)의 극치를 엿볼 수 있다.

제12장

헌신의 요가

bhakti yoga

ye tu dharmyāmṛtam idaṁ
yathoktaṁ paryupāsate |
śraddadhānā matparamā
bhaktāste'tīva me priyāḥ || *12.20*

지금까지 내가 말한 불멸의 진리를 공경하며,
나에 대한 믿음과 헌신이 가득한 사람,
나를 삶의 목표로 삼고
나를 신애하는 사람,
내가 가장 사랑하는 사람이다. (12.20)

arjuna uvāca

1...

evaṁ satatayuktā ye
bhaktās tvāṁ paryupāsate ।
ye cāpy akṣaram avyaktaṁ
teṣāṁ ke yogavittamāḥ ॥

śrī bhagavān uvāca

2...

mayy āveśya mano ye māṁ
nityayuktā upāsate ।
śraddhayā parayopetās
te me yuktatamā matāḥ ॥

아르주나가 말했다.

1...

이처럼 끊임없이 아트만과 하나 되어
당신께 귀의하여 당신을 신애하는 사람과
불멸이며, 미현현未顯現의 존재를
실재로 믿고 숭배하는 사람들 중에
누가 더 요가를 잘 이해하고 있는 사람입니까?[1]

크리슈나가 말했다.

2...

그들의 마음을 나에게 집중하고
언제나 제어된 상태에서,
지고한 믿음으로 나를 신애信愛하는 이를
나는 최고의 요가수행자로 생각한다.

1 '요가를 잘 이해한다는 것'은 어떤 방법으로 수행을 해나가는 것이 확고한 합일의 길을 갈 수 있는 것인가를 묻고 있다. 드러나지 않는 영원불멸의 브라만을 숭배하는 것은 '지혜의 길(갸나요가)' 수행의 길이며, 인격신으로 다가온 크리슈나에 대한 숭배는 헌신의 길(박티요가)이다. 5절까지는 인격신과 비인격적인 존재에 대한 숭배의 차이를 말한다.

3...

ye tv akṣaram anirdeśyam
avyaktaṁ paryupāsate ।
sarvatragam acintyaṁ ca
kūṭastham acalaṁ dhruvam ॥

4...

saṁniyamyendriyagrāmaṁ
sarvatra samabuddhayaḥ ।
te prāpnuvanti māmeva
sarvabhūtahite ratāḥ ॥

5...

kleśo 'dhikataras teṣām
avyaktāsaktacetasām ।
avyaktā hi gatir duḥkhaṁ
dehavadbhir avāpyate ॥

3...
그러나 무어라 규정할 수도 없고,
생각할 수도 없고,
무소부재하고,
항상 굳건히 자리하고 있고,
움직임이 없고,
변함이 없고,
불멸의 미현현을 숭배하는 자들,[2]

4...
그리고 감각기관을 완전히 제어하고,
어느 한 쪽으로 치우치지 않는 평등한 마음으로,
모든 존재의 행복을 추구하는 자들도
분명히 나에게 이른다.

5...
드러나 보이지 않는 존재에
흔들리지 않게 마음을 고정하는 것이 더욱 어렵다.
왜냐하면 육신을 가진 사람으로서
드러나 보이지 않는 실재에 도달하기란
매우 어렵기 때문이다.[3]

2 이름도 없고 모양도 없어서 규정지을 수 없는 초월적 존재를 말한다. 나타나 보이지 않는(未顯現) 어떤 실재에 확고한 마음으로 한결같이 집중한다는 것은 결코 쉬운 일이 아니다. 5절에 강조하며 말하고 있다.
3 모든 형상과 속성을 여읜 드러나지 않는 미현현未顯現의 브라만을 추구하는 것은 형상을 지닌 인격적인 신神을 숭배하는 길보다 훨씬 어렵다는 말이다.

6...

ye tu sarvāṇi karmāṇi
mayi saṁnyasya matparāḥ ।
ananyenaiva yogena
māṁ dhyāyanta upāsate ॥

7...

teṣām ahaṁ samuddhartā
mṛtyusaṁsārasāgarāt ।
bhavāmi nacirāt pārtha
mayy āveśitacetasām ॥

8...

mayy eva mana ādhatsva
mayi buddhiṁ niveśaya ।
nivasiṣyasi mayy eva
ata ūrdhvaṁ na saṁśayaḥ ॥

6...[4]

그러나 나만을 지고의 목표로 여기며,
모든 행위를 나에게 바치는 제물로 여기며,
자신의 생각이 내 안에 몰입되어 있으며,
오직 나를 명상하며 나를 신애하는 자들,

7...

나에게만 마음을 몰입한 그들을 위해
나는 지체하지 않고 곧 그들의 구원자가 된다.
죽음과 태어남이 반복되는 윤회의 바다를
쉽게 건널 수 있도록 내가 구원자가 된다. 아르주나여,

8...

그대의 마음을 오로지 나에게 집중해라.
그대의 지성을 나에게만 전념시켜라.
그러면 그대는 틀림없이
내 안에서 나와 하나인 상태에 머물게 된다.
그렇게 되면 그대에게 의문의 여지가 없어진다.

4 6-12절에서 '박티요가'를 말한다.

9...

atha cittaṁ samādhātuṁ
na śaknoṣi mayi sthiram ।
abhyāsayogena tato
mām icchāptuṁ dhanaṁjaya ॥

10...

abhyāse'py asamartho 'si
matkarmaparamo bhava ।
madartham api karmāṇi
kurvan siddhim avāpsyasi ॥

11...

athaitad apy aśakto 'si
kartuṁ madyogam āśritaḥ ।
sarvakarmaphalatyāgaṁ
tataḥ kuru yatātmavān ॥

9...

아르주나여,

만약 그대가 나에게 집중하는 일이

생각하는 대로 확고히 잘 되지 않는다면,

반복적으로 요가수행[5]을 하여 나에 이르고자 노력하라.

10...

하지만 그대가 반복적인 수행마저도 제대로 할 수 없다면

나를 위한 행위를 최고의 목표로 삼아라.

나를 위해서 행위하는 것만으로도

그대는 완성에 이를 것이다.

11...

만약 그대가 그것조차도 할 수 없다면,

나의 요가에 의지해서[6] 자신을 제어하고,

모든 행위의 결과를 포기하도록 노력하라.

그리하면 내 안에 안식처를 찾으리라.

5 요가수행(abhyāsa-yoga)이란 마음을 한 곳에 집중하려는 규칙적이고 끊임없는 노력을 말한다.

6 나의 요가(mad-yoga)에 의지하라는 말은 크리슈나가 이미 가르쳐준 행위의 요가(karma-yoga)를 가리키며, 곧 행위의 결과에 집착하지 않음으로써 완성에 이를 수 있다는 말이다.

12...

śreyo hi jñānam abhyāsāj
jñānād dhyānaṁ viśiṣyate ।
dhyānāt karmaphalatyāgas
tyāgāc chāntir anantaram ॥

13...

adveṣṭā sarvabhūtānāṁ
maitraḥ karuṇa eva ca ।
nirmamo nirahaṁ kāraḥ
samaduḥ khasukhaḥ kṣamī ॥

14...

saṁtuṣṭaḥ satataṁ yogī
yatātmā dṛḍhaniścayaḥ ।
mayy arpitamanobuddhir
yo madbhaktaḥ sa me priyaḥ ॥

12...

맹목적인 수행보다는 지혜를 탐구하는 것이 더 낫고,
지혜의 탐구보다는 명상하는 것이 더 낫고,
명상하는 것 보다는 행위의 결과를 포기함이 더 낫다.
행위의 결과에 대한 포기는 즉시 평안을 얻는다.[7]

13...[8]

모든 존재에게 적敵이지 않으며,
그저 누구이든지 간에 다정하고 자비로우며,
'나의 것'이라는 생각도, '나'라는 생각도 없으며,
괴로움과 즐거움을 평등하게 여기며
어떠한 상황이든 인내하는 자를 나는 사랑한다.

14...

어떠한 상황에서도 항상 만족하며,
조화로운 마음으로 자신을 제어하고,
신념이 확고하며, 나에게 마음과 지성을 바치고 헌신하는,
이러한 사람을 나는 사랑한다.

7 행위의 요가(karma-yoga)는 가장 쉬운 길이지만, 수행, 지혜 탐구, 명상의 길보다 더 뛰어나다고 말한다.

8 13-20절에서는 '신이 어떠한 사람을 가장 사랑하는가?'를 말한다.

15...

yasmān nodvijate loko
lokān nodvijate ca yaḥ ।
harṣāmarṣabhayodvegair
mukto yaḥ sa ca me priyaḥ ॥

16...

anapekṣaḥ śucir dakṣa
udāsīno gatavyathaḥ ।
sarvārambhaparityāgī
yo madbhaktaḥ sa me priyaḥ ॥

17...

yo na hṛṣyati na dveṣṭi
na śocati na kāṅkṣati ।
śubhāśubhaparityāgī
bhaktimān yaḥ sa me priyaḥ ॥

15...

세상 사람이 그를 싫어하지도 않고,
그 또한 세상 사람을 싫어하지 않으며,
기쁨과 성냄과 두려움과 근심으로부터 자유로운 사람,
역시 내가 사랑하는 사람이다.

16...

어떤 일을 행하든지
결과에 집착하지 않는 순수한 사람,
어떤 일을 행하든지
욕망이 없이 하는 현명한 사람,
어떤 일을 행하든지
자신이 한다는 생각이 없이 나에게 헌신하는 사람,
역시 내가 사랑하는 사람이다.

17...

기뻐서 흥분하지도 않고,
괴로워서 원망하는 일도 없는 사람.
슬퍼하지도 않고,
갈구하지도 않는 사람,
좋고 나쁨을 모두 떨쳐 버리고
오직 나에 대한 신애로 가득 찬 사람,
역시 내가 사랑하는 사람이다.

18...

samaḥ śatrau ca mitre ca
tathā mānāvamānayoḥ ।
śītoṣṇasukhaduḥkheṣu
samaḥ saṅgavivarjitaḥ ॥

19...

tulyanindāstutir maunī
saṁtuṣṭo yena kenacit ।
aniketaḥ sthiramatir
bhaktimān me priyo naraḥ ॥

20...

ye tu dharmyāmṛtam idaṁ
yathoktaṁ paryupāsate ।
śraddadhānā matparamā
bhaktāste 'tīva me priyāḥ ॥

18...
원수와 친구를 동등하게 여기는 사람,
존경과 멸시를 동등하게 여기는 사람,
추위와 더위, 즐거움과 괴로움을 동등하게 여기며
모든 집착을 버린 사람,

19...
비난과 칭찬을 동등하게 여기는 사람,
침묵하는 사람,
어떠한 상황에서든 그것에 만족하는 사람,
처소를 가지지 않는 사람,[9]
마음이 불안하지 않고 확신에 찬 사람,
언제 어디서나 나를 향한 신애로 가득 찬 사람,
내가 사랑하는 사람이다.

20...
지금까지 내가 말한 불멸의 진리를 공경하며,
나에 대한 믿음과 헌신이 가득한 사람,
나를 삶의 목표로 삼고
나를 신애하는 사람,
내가 가장 사랑하는 사람이다. 제12장 [헌신의 요가]

9 '처소를 가지지 않는다'는 것은 장소에 대한 집착에서 벗어남을 말한다. 라다크리슈난은 '있을 곳이 없이'란 '일정한 처소가 없이, 사회적 의무를 다하며, 어느 가정에도 매여 있지 않다'는 의미로 말하고 있다. 『마하바라타』에서 처소를 가지지 않는 산야신을 신들이 브라민bramin이라고 한다는 말이 있다.

제13장

물질과 정신

kṣetrakṣetrajñavibhāga yoga

kṣetra-jñaṁ cāpi māṁviddhi
sarva-kṣetreṣu bhārata ।
kṣetra-kṣetrajñayor jñānaṁ
yat taj jñānaṁ mataṁ mama ॥ 13.2

나 또한 모든 밭들 안에 있는
밭을 아는 자임을 알라. 아르주나여,
나는 '밭'과 '밭을 아는 자'에 대한 앎을
곧 진정한 앎으로 간주한다. (13.2)

śrī bhagavān uvāca

1...

idaṁ śarīraṁ kaunteya
kṣetram ity abhidhīyate ।
etad yo vetti taṁ prāhuḥ
kṣetra-jña iti tad-vidaḥ ॥

2...

kṣetra-jñaṁ cāpi māṁ viddhi
sarva-kṣetreṣu bhārata ।
kṣetra-kṣetrajñayor jñānaṁ
yat taj jñānaṁ mataṁ mama ॥

3...

tat kṣetraṁ yac ca yādṛk ca
yad-vikāri yataś ca yat ।
sa ca yo yat-prabhāvaś ca
tat samāsena me śṛṇu ॥

4...

ṛṣibhir bahudhā gītaṁ
chandobhir vividhaiḥ pṛthak ।
brahma-sūtra-padaiś caiva
hetumadbhir viniścitaiḥ ॥

크리슈나가 말했다.

1...

이 몸은 밭(kṣetra)이라고 부르며,
그것을 아는 사람은
밭을 아는 자(kṣetra-jña, 푸루샤)라고
그것을 아는 사람들은 말한다.

2...

나 또한 모든 밭들 안에 있는
밭을 아는 자임을 알라. 아르주나여,
나는 '밭'과 '밭을 아는 자'에 대한 앎을
곧 진정한 앎으로 간주한다.

3...

그 '밭'이란 무엇인가?
밭은 어떠한 성질을 지녔으며, 그 성질이 어떻게 변화하며,
그 변화하게 하는 힘은 어디에서 나오는가?
그리고 '밭을 아는 자' 그가 누구이며,
어떤 힘을 지녔는지 나에게서 간략히 들어보아라.

4...

이 [밭]은 현자들에 의해
다양한 방식으로 노래되었으며,
또한 브라만을 기술하고 있는 경전의 구절들에서도
분명하게 노래되었다.[1]

5...

mahā-bhūtāny ahaṅkāro
buddhir avyaktam eva ca |
indriyāṇi daśaikaṁ ca
pañca cendriya-gocarāḥ ||

6...

icchā dveṣaḥ sukhaṁ duḥkhaṁ
saṅghātaś cetanā dhṛtiḥ |
etat kṣetraṁ samāsena
sa-vikāram udāhṛtam ||

5...

다섯 가지 원소들,
자아의식(아함카라), 지성, 드러나지 않는 것(미현현),
열 감각기관(다섯 감각과 다섯 행위기관),
다섯 감각의 대상들, 마음[2] 등이 [밭]을 이루고 있다.

6...

욕망, 증오, 즐거움, 괴로움,
(몸과 감각들의) 집합체, 생각, 고집,
이러한 것들이
[밭]에 드러나는 다양한 양상들이다.

1 『브라마경*Brahmasūtra*』은 바다라야나Bādarāyana의 저서로 우파니샤드 사상을 중점적으로 다룬 베단타Vedānta학파의 소의경전이다. 하지만 여기서는 이 저서를 가리키는 것이 아니라는 견해가 맞다고 생각된다. 왜냐하면 『브라마경經』의 편찬 시기가 『바가바드기타』보다 훨씬 늦은 A.D. 200년경이기 때문이다. 결국 『바가바드기타』 편찬 이전에 이미 브라만에 관한 다양한 찬가들과 구절들을 모아 놓은 다른 책들이 있었던 것으로 짐작할 수 있다.

2 2.39절의 각주를 참조할 것.
[밭]은 다음과 같은 것으로 이루어져 있다.
다섯 원소는 지, 수, 화, 풍, 공이며, '나'라는 자아의식.
다섯 감각기관은 눈, 귀, 코, 혀, 몸을 말하며,
다섯 감각대상은 색깔, 소리, 냄새, 맛, 감촉이며,
다섯 작용기관은 입, 손, 발, 항문, 생식기를 말하며,
인식과 인식작용, 이것이 밭이다.

7...

amānitvam adambhitvam
ahiṁsā kṣāntir ārjavam ।
ācāryopāsanaṁ śaucaṁ
sthairyam ātma-vinigrahaḥ ॥

8...

indriyārtheṣu vairāgyam
anahaṅkāra eva ca ।
janma-mṛtyu-jarā-vyādhi-
duḥkha-doṣānudarśanam ॥

9...

asaktir anabhiṣvaṅgaḥ
putra-dāra-gṛhādiṣu ।
nityaṁ ca sama-cittatvam
iṣṭāniṣṭopapattiṣu ॥

10...

mayi cānanya-yogena
bhaktir avyabhicāriṇī ।
vivikta-deśa-sevitvam
aratir jana-saṁsadi ॥

7...

교만하지 않고 겸손하며, 위선적이지 않고 솔직하며,
비폭력적이고, 인내하고, 정직하며,
스승에 공경심을 지니고,
순수함, 확고함, 자신에 대한 자제력 등.
[밭]과 [밭의 변화를 아는 사람]은 위와 같은 특징을 지닌다.

8...

(또한 그들은 내적인 힘을 지니고 있기 때문에)
감각기관이 대상들에 대하여 집착하지 않으며,
전적으로 '나'라는 이기심이 없다.
그러므로 이러한 사람은
생로병사生老病死와 고통에 대한 통찰력을 지닌다.

9...

자식과 아내, 가정 등에 대한
애착이 없으며 집착하지 않는다.
바라는 것이든 바라지 않은 것이든 일어난 일에
항상 한결같은 마음가짐을 유지한다.

10...

전념하여 나를 향한 요가로
흔들리지 않고 확고하게 나를 신애하며,
번잡한 속에서 사람들과의 어울림을 즐겨하기 보다는
한적한 곳에 홀로 머물기를 즐겨함으로서–

11...

adhyātma-jñāna-nityatvaṁ
tattva-jñānārtha-darśanam |
etaj jñānam iti proktam
ajñānaṁ yad ato 'nyathā ||

12...

jñeyaṁ yat tat pravakṣyāmi
yaj jñātvāmṛtam aśnute |
anādi mat-paraṁ brahma
na sat tan nāsad ucyate ||

13...

sarvataḥ pāṇi-pādaṁ tat
sarvato 'kṣi-śiro-mukham |
sarvataḥ śrutimal loke
sarvam āvṛtya tiṣṭhati ||

11...

최고의 아트만에 대한 불멸의 지식,
궁극적인 목표인 '나'를 찾고자 하는 통찰력,
바로 이것을 '앎(知)'이라 일컬으며, 곧 지혜이다.
다른 것을 추구하는 것은 무지無知이다.

12... (12-18: 브라만은…)

이제 모든 앎의 대상(목표)에 대해 말해주겠다.
그것을 아는 자는 불멸에 이른다.
그것은 시작이 없는 지고의 브라만이다.
그것은 존재하는 것도 아니고
존재하지 않는 것도 아니라고 한다.

13...

그것은 모든 곳에 손과 발이 있고,
모든 곳에 눈과 머리와 입이 있고,
모든 곳에 귀가 있어서
세상 모든 것을 감싸며 있다.

14...

sarvendriya-guṇābhāsaṁ
sarvendriya-vivarjitam ।
asaktaṁ sarva-bhṛc caiva
nirguṇaṁ guṇa-bhoktṛ ca ॥

15...

bahir antaś ca bhūtānām
acaraṁ caram eva ca ।
sūkṣmatvāt tad avijñeyaṁ
dūra-sthaṁ cāntike ca tat ॥

16...

avibhaktaṁ ca bhūteṣu
vibhaktam iva ca sthitam ।
bhūta-bhartṛ ca taj jñeyaṁ
grasiṣṇu prabhaviṣṇu ca ॥

14...

비록 그에게 아무런 감각기관도 없지만
모든 감각기관의 활동에 의해 나타난다.
그것은 아무 것에도 집착이 없지만
모든 것을 유지하고 있다.
그것은 어떠한 요소(guṇa)[3]를 지니지 않지만
모든 요소들을 경험하고 즐긴다.

15...

그것은 모든 존재들 밖에 있으나 안에도 있으며,
움직이지 않으나 움직인다.
그것은 미세하기 때문에 이해될 수 없으며,
멀리 있으나 동시에 가까이에 있다.

16...

그것은 나뉘어져 있지 않으나,
존재들 안에서 나뉘어져 있는 것처럼 머물고 있다.
그것은 모든 존재들을 유지하는 자이며,
또한 존재들을 파멸하는 자이고,
모든 존재들을 창조하는 자이다.

---

3 요소(guṇa, 구나)은 물질계를 움직이는 세 가지 기운을 말한다. 즉 물질(prakṛti, 프라크리티)을 구성하는 세 가지 성질인 사트바sattva, 라자스rajas, 타마스tamas이다. 개인의 정신과 마찬가지로 브라만은 다양한 현상계를 대상으로 경험하는 우주적인 주체 즉, 우주적 정신이다.(길희성. *Bhagavad-gītā*. p.285).

17...

jyotiṣām api taj jyotis
tamasaḥ param ucyate ।
jñānaṁ jñeyaṁ jñāna-gamyaṁ
hṛdi sarvasya viṣṭhitam ॥

18...

iti kṣetraṁ tathā jñānaṁ
jñeyaṁ coktaṁ samāsataḥ ।
mad-bhakta etad vijñāya
mad-bhāvāyopapadyate ॥

19...

prakṛtiṁ puruṣaṁ
viddhy anādī ubhāv api ।
vikārāṁś ca guṇāṁś caiva
viddhi prakṛti-sambhavān ॥

17...

그것은 어둠 너머에 있고 모든 빛의 원천이다.
그것은 모든 앎 자체이고 앎의 대상이며,
그것은 모든 앎의 최종 목적으로
그것은 모든 존재의 가슴속에 확고히 자리 잡고 있다.

18...

이와 같이 밭(kṣetra)과 앎과
앎의 대상에 대하여 간략히 설명하였다.
나를 신애하는 자는
이것을 이해함으로써 나의 상태에 이를 것이다.

19...

물질(프라크리티)과 정신(푸루샤)은
둘 다 시작이 없다는 것을 알아라.
또한 모든 변화들과 요소(구나)들은
모두 물질(프라크리티)[4]에서 나온다는 것을 알아라.

4 물질(프라크리티, prakṛti)이란 현상세계의 물질이며, 정신(푸루샤, puruṣa)은 그의 배후에 있는 신적인 근본정신이며, 현상세계의 모든 변화는 프라크리티에서 비롯되는 것이다.

20...

kārya-kāraṇa-kartṛtve
hetuḥ prakṛtir ucyate ।
puruṣaḥ sukha-duḥkhānāṁ
bhoktṛtve hetur ucyate ॥

21...

puruṣaḥ prakṛti-stho hi
bhuṅkte prakṛti-jān guṇān ।
kāraṇaṁ guṇa-saṅgo 'sya
sad-asad-yoni-janmasu ॥

22...

upadraṣṭānumantā ca
bhartā bhoktā maheśvaraḥ ।
paramātmeti cāpy ukto
dehe 'smin puruṣaḥ paraḥ ॥

20...
물질(프라크리티)은
모든 행위의 목적과 수단과 행위자[5]의 근원이고,
정신(푸루샤)은
즐거움과 고통을 경험하는 근원이라 말한다.

21...
참나(푸루샤)는 프라크리티 안에 머물면서
근본원질(프라크리티)에서 생긴 요소들을 경험하기 때문이다.
(만약) 참나(푸루샤)가 특정한 구나(요소)에 대해 집착하면,
결국 그것이 좋은 곳, 아니면 나쁜 자궁에 태어나는 원인이 된다.

22...
몸 안에 머물고 있는 지고의 정신(푸루샤)은
지켜보는 자이며, 허락하는 자이다.
그는 현상세계를 유지하는 자이며,
경험들을 향수享受하는 자이다. 그가 바로 대주재자, 최고의 아트만(paramātman)이라고 불린다.

5 프라크리티는 모든 행위의 인과因果를 초래하게 하는 근원, 즉 행위자이다.

23...

ya evaṁ vetti puruṣaṁ
prakṛtiṁ ca guṇaiḥ saha ।
sarvathā vartamāno 'pi
na sa bhūyo 'bhijāyate ॥

24...

dhyānenātmani paśyanti
kecid ātmānam ātmanā ।
anye sāṅkhyena yogena
karma-yogena cāpare ॥

23...

그러므로 푸루샤와
프라크리티와 구나의 변화를 아는 자는
어떠한 행위를 하든지
더 이상 다시 태어나지 않는다.

24...

어떤 사람들은 명상수행을 함으로써
자기 안에 있는 참나(아트만ātman)를 깨닫는다.
어떤 사람들은 이론의 요가(지혜의 요가)로
자기 안에 있는 참나를 깨닫는다.
어떤 사람들은 행위의 요가(까르마요가)로
자기 안에 있는 참나를 깨닫는다.

25...

anye tv evam ajānantaḥ
śrutvānyebhya upāsate ।
te 'pi cātitaranty eva
mṛtyuṁ śruti-parāyaṇāḥ ॥

26...

yāvat sañjāyate kiñcit
sattvaṁ sthāvara-jaṅgamam ।
kṣetra-kṣetrajña-saṁyogāt
tad viddhi bharatarṣabha ॥

25...

그러나 어떤 이들은 이러한 방법들로 참나를 알지 못하고
다른 사람의[6] 가르침을 듣고서[7] 참나를 숭배한다.
그리고 그들은 들어서 알게 된 대로 실천함으로써
그들도 결국 죽음을 극복하게 된다.

26...

아르주나여, 움직이는 것이든 움직이지 않는 것이든
생겨나 존재하는 모든 것은
밭(물질)과 밭을 아는 자(물질을 아는 자)의 결합에서[8]
나온다는 것을 알아라.

---

6 '다른 사람'은 깨달은 스승을 의미한다.

7 인도사상에서 '앎'이란 두 가지 부류로 나뉜다.
하나는 śruta[들려진 지혜]이다. 특별한 성자가 신으로부터 들려진 것이 그대로 성전이 되어 암송됨으로써 앎의 대상이 된 것을 'śruta'라 부른다. 베다(vedas) 경전이 모두 그렇다. 이 śruta(들려진 앎)는 카스트계급의 상위 3계급에게만 접근이 허용되어 있다.
또 하나는 smṛta[기억된 지혜]라고 한다. 'śruta'가 부녀자와 수드라를 포함한 일반계급이 접근할 수 있게 앎의 대상으로 옮겨진 것을 'smṛta'라 부른다. 푸라나(puranas) 등이다. 또는, 카스트계급 모두에 대한 의무나 법 및 브라만에 대해 성자들이 서술한 내용을 말하기도 한다.

8 밭(田)이란 프라크리티(물질=몸)를 말하며, 밭을 아는 자는 바로 푸루샤(정신)이다. 이원론의 상키야 철학에서 해탈이라 함은 '물질(밭)과 정신(밭을 아는 자)의 분리'에 의해서만 가능하며, 그렇지 않으면 둘의 결합에 의해서 생사生死의 세계에 윤회하며 거듭 태어난다.

27...

samaṁ sarveṣu bhūteṣu
tiṣṭhantaṁ parameśvaram ।
vinaśyatsv avinaśyantaṁ
yaḥ paśyati sa paśyati ॥

28...

samaṁ paśyan hi sarvatra
samavasthitam īśvaram ।
na hinasty ātmanātmānaṁ
tato yāti parāṁ gatim ॥

29...

prakṛtyaiva ca karmāṇi
kriyamāṇāni sarvaśaḥ ।
yaḥ paśyati tathātmānam
akartāraṁ sa paśyati ॥

27...

모든 존재들 안에 평등하게 머물고 있으며,
죽는 것들 안에서 죽지 않고 머물고 있는
지고의 주재자主宰者를 보는 자는
진실로 보는 자이다.

28... (모든 존재에 내재하는 참나)

모든 존재 속에 평등하게
신(주재자)이 계신 것을 본다면,
그는 스스로 참나(아트만)를 해치지 않는다.[9]
그러므로 그는 지고의 목적지[10]에 이른다.

29...

모든 행위들은 전적으로
프라크리티(근본원질)에 의해서 행해지며
아트만(참나)이 행위자가 아님을 보는 사람은
진실로 보는 자이다.

9 자신을 탓하지 않음은 물론 타인을 탓하거나 비난하지 않는다는 의미이다.

10 주재자는 세상만물 안에 평등하게 존재하므로, 이런 관점에서 보면 자타의 구별이 없다. 타인을 상하게 하는 것이 곧 자기 자신을 해치는 것이나 다를 바 없다. '지고의 목적지'라 함은 가장 좋은 사후의 운명, 즉 해탈을 의미한다.

30...

yadā bhūta-pṛthag-bhāvam
eka-stham anupaśyati ।
tata eva ca vistāraṁ
brahma sampadyate tadā ॥

31...

anāditvān nirguṇatvāt
paramātmāyam avyayaḥ ।
śarīra-stho 'pi kaunteya
na karoti na lipyate ॥

32...

yathā sarva-gataṁ saukṣmyād
ākāśaṁ nopalipyate ।
sarvatrāvasthito dehe
tathātmā nopalipyate ॥

30...

다양한 모든 존재들이
하나 안에 뿌리를 내리고 있으며,
그리고 바로 그 하나에서 만물이 전개되어 나옴을
보는 사람은 브라만의 경지에 이르게 된다.

31...

이 불멸하는 지고의 아트만(참나)은
시작도 없고 아무런 물질적 요소(구나)들도 없기 때문에
비록 몸 안에 자리하고 있지만, 어떠한 행위도 하지 않으며,
어떠한 행위에도 더럽혀지지도 않는다. 아르주나여,

32...

허공은 모든 곳에 두루 퍼져 있으며,
허공 안에는 수많은 것들이 있다.
하지만 자기 안에 있는 존재들 때문에
결코 더럽혀지지 않는다.
그처럼 몸 안 어디에나 머무는
아트만(참나)은 결코 더럽혀지지 않는다.[11]

11 아트만(참나)은 모든 존재들 안에 머물러 있지만 그 존재들의 활동에 영향을 받아서 더럽혀지지 않는다는 말이다.

33...

yathā prakāśayaty ekaḥ
kṛtsnaṁ lokam imaṁ raviḥ ।
kṣetraṁ kṣetrī tathā kṛtsnaṁ
prakāśayati bhārata ॥

34...

kṣetra-kṣetrajñayor evam
antaraṁ jñāna-cakṣuṣā ।
bhūta-prakṛti-mokṣaṁca
ye vidur yānti te param ॥

33...

하나의 태양이
온 세상을 비추듯이,
몸 안에 거주하고 있는 참나(밭의 소유주)는
온 몸(밭 전체)을 비춘다. 아르주나여.[12]

34...

지혜의 눈을 지닌 사람은
'밭'과 '밭을 아는 자'를 구별하여 보기 때문에
혼동하지 않는다.
지혜의 눈을 지닌 사람은
프라크리티[13]의 굴레에서 해방될 수 있는
방법을 알기 때문에 마침내 지고의 경지에 이른다.

제13장 [물질과 정신]

12 참나는 밭을 아는 자이고, 온 몸은 밭이다.

13 프라크리티prakṛti는 물질세계, 즉 현상세계의 변화이며, 세 요소(구나)의 결합으로 나타나고 변화한다.

제14장

물질의 세 요소를 초월하는 요가
guṇatrayavibhāga yoga

nānyaṁ guṇebhyaḥ kartāraṁ
yadā draṣṭānupaśyati |
guṇebhyaś ca paraṁ vetti
mad-bhāvaṁ so 'dhigacchati || 14.19

지혜로운 사람은 다른 행위자가 없음을 보는 자이며
모든 행위는 구나(세 요소)들의 활동이라는 것을 안다.
(그러한) 물질의 세 요소들 너머의 것을 알면
나의 상태에 이르게 된다. (14.19)

śrī bhagavān uvāca

1...

paraṁ bhūyaḥ pravakṣyāmi
jñānānāṁ jñānam uttamam ।
yaj jñātvā munayaḥ sarve
parāṁ siddhim ito gatāḥ ॥

2...

idaṁ jñānam upāśritya
mama sādharmyam āgatāḥ ।
sarge 'pi nopajāyante
pralaye na vyathanti ca ॥

3...

mama yonir mahad brahma
tasmin garbhaṁ dadhāmy aham ।
sambhavaḥ sarva-bhūtānāṁ
tato bhavati bhārata ॥

크리슈나가 말했다.

1...
이제 나는 그대에게 많은 지혜들 가운데 지혜,
가장 숭고한 그 지혜를 다시 말해 주겠다.
모든 현자들이 이것을 알고
비로소 이것으로부터 지고의 완성에 이르렀다.

2...
이 지혜에 의지하여
나의 상태에 도달한 사람들은
세계가 창조되어도 태어나지 않으며,
세계가 파괴되어도 고통받지 않는다.[1]

3...
나의 자궁(胎)은 거대한 브라만이며,
나는 그곳에 씨(태아)를 지닌다.
모든 존재의 탄생이
그곳으로부터 이루어진다. 아르주나여,

1 이는 프라크리티의 세 요소(구나)인 창조와 유지와, 파괴를 초월한 영원한 현존 상태를 말하고 있다.

4...
sarva-yoniṣu kaunteya
mūrtayaḥ sambhavanti yāḥ ǀ
tāsāṁ brahma mahad yonir
ahaṁ bīja-pradaḥ pitā ǁ

5...
sattvaṁ rajas tama iti
guṇāḥ prakṛti-sambhavāḥ ǀ
nibadhnanti mahā-bāho
dehe dehinam avyayam ǁ

6...
tatra sattvaṁ nirmalatvāt
prakāśakam anāmayam ǀ
sukha-saṅgena badhnāti
jñāna-saṅgena cānagha ǁ

7...
rajo rāgātmakaṁ viddhi
tṛṣṇā-saṅga-samudbhavam ǀ
tan nibadhnāti kaunteya
karma-saṅgena dehinam ǁ

4...

일체의 자궁에서 어떤 형상들이 태어나든지 간에,
아르주나여,
브라만이 그들의 거대한 자궁이며,
나는 씨앗을 준 아버지이다.

5...

사트바(순수), 라자스(활동), 타마스(어둠)라는
세 가지 구나들은
근본물질(프라크리티)에서 생겨나며,
이 요소(구나)들은 불멸의 소유주(참나)를 육체 안에 가두어 놓는다. 아르주나여,

6...

사트바는 더러움이 없고
밝고 순수하며 건강한 기운이다.
하지만 즐거움에 집착하고 지혜에 집착하게 하여
육신의 소유주를 속박한다.

7...

라자스는 격정적인 기운이다.
이 격정적인 기운은 욕망과 집착에서 생긴다.
이 기운은 행위에 대한 집착을 통해서
육신의 소유주를 단단히 속박한다.

8...

tamas tv ajñāna-jaṁ viddhi
mohanaṁ sarva-dehinām ।
pramādālasya-nidrābhis
tan nibadhnāti bhārata ॥

9...

sattvaṁ sukhe sañjayati
rajaḥ karmaṇi bhārata ।
jñānam āvṛtya tu tamaḥ
pramāde sañjayaty uta ॥

10...

rajas tamaś cā bhibhūya
sattvaṁ bhavati bhārata ।
rajaḥ sattvaṁ tamaś caiva
tamaḥ sattvaṁ rajas thatā ॥

11...

sarva-dvāreṣu dehe 'smin
prakāśa upajāyate ।
jñānaṁ yadā tadā vidyād
vivṛddhaṁ sattvam ity uta ॥

8...

그러나 타마스는 무지로부터 생겨난 어두운 기운이다.
모든 육신의 소유주를 미혹에 빠지게 한다.
이 기운으로 말미암아 무기력과 나태와 잠에 빠지게 하여
육신의 소유주를 속박한다. 아르주나여,

9...

사트바는 사람을 즐거움에 집착하게 하며,
라자스는 사람을 행위에 집착하게 한다.
타마스는 사람의 지혜를 어둡게 가려서
그 사람을 무분별에 빠지게 한다. 아르주나여.

10...

순수하고 고요한 기운은
격정적이고 어두운 기운을 누르며 일어나고,
격정적인 기운은
순수하고 고요한 기운과 어두운 기운을 누르며 일어나고,
어두운 기운은
격정적인 기운과 순수하고 고요한 기운을 누르며 일어난다.

11...

이 몸의 모든 감각기관에서
지혜의 빛이 밝게 빛날 때,
진실로 사트바의 밝고 순수한 요소가
지배적임을 알아야 한다.

12...

lobhaḥ pravṛttir ārambhaḥ
karmaṇām aśamaḥ spṛhā ।
rajasy etāni jāyante
vivṛddhe bharatarṣabha ॥

13...

aprakāśo 'pravṛttiś ca
pramādo moha eva ca ।
tamasy etāni jāyante
vivṛddhe kuru-nandana ॥

14...

yadā sattve pravṛddhe tu
pralayaṁ yāti deha-bhṛt ।
tadottama-vidāṁ lokān
amalān pratipadyate ॥

12...

라자스의 격정적인 요소가 지배적일 때는
탐욕, 활동, 불안, 갈망 등이 생긴다.
그로 인해서 끊임없이 활동하도록
상황이 된다.

13...

타마스의 어두운 요소가 지배적일 때는
무지, 비활동, 무기력, 미혹,
이런 것들이 생긴다.
아르주나여,

14...

육신의 소유주가
사트바의 순수한 요소가 지배적일 때 죽음을 맞으면,
티끌 하나도 없는 신적인 사람들이 사는
청정한 세계로 간다.[2]

2 이 세계는 순수한 신적 차원을 말한다.

15...

rajasi pralayaṁ gatvā
karma-saṅgiṣu jāyate ।
tathā pralīnas tamasi
mūḍha-yoniṣu jāyate ॥

16...

karmaṇaḥ sukṛtasyāhuḥ
sāttvikaṁ nirmalaṁ phalam ।
rajasas tu phalaṁ duḥkham
ajñānaṁ tamasaḥ phalam ॥

17...

sattvāt sañjāyate jñānaṁ
rajaso lobha eva ca ।
pramāda-mohau tamaso
bhavato 'jñānam eva ca ॥

15...

육신의 소유주가
라자스의 활동적인 요소가 지배적일 때 죽음을 맞으면,
그는 행위에 집착하는 사람들 가운데 태어나고[3]
타마스의 어두운 기운이 지배적일 때 죽음을 맞으면,
그는 무지한 존재의 부류 가운데 태어난다.[4]

16...

선한 행위[5]는
순수한 사트바 요소의 결과로 밝고 순결하다.
활동의 라자스 요소의 결과는 고통이며,
타마스(암흑) 요소의 결과는 무지이다.

17...

사트바의 순수 요소에서 지혜가 생기고
라자스의 활동 요소에서 탐욕이 생기며
타마스의 암흑 요소에서
무기력과 미혹과 무지가 생긴다.

3 이 세계는 행위가 지배하는 세상인 인간적 차원을 의미한다.
4 이 세계는 사람뿐 아니라 동물들도 포함하여 동물적 차원을 의미한다.
5 선善한 행위, 즉 훌륭한 행위는 신의 속성인 선에 의지하여 행해지는 행위를 말한다. 선한 행위는 허물에서 자유롭다.

18 ...

ūrdhvaṁ gacchanti sattva-sthā
madhye tiṣṭhanti rājasāḥ ।
jaghanya-guṇa-vṛtti-sthā
adho gacchanti tāmasāḥ ॥

19...

nānyaṁ guṇebhyaḥ kartāraṁ
yadā draṣṭānupaśyati ।
guṇebhyaś ca paraṁ vetti
mad-bhāvaṁ so 'dhigacchati ॥

20...

guṇān etān atītya trīn
dehī deha-samudbhavān ।
janma-mṛtyu-jarā-duḥkhair
vimukto 'mṛtam aśnute ॥

18 ...

사트바의 순수 요소가 지배적인 사람은
위에 있는 높은 곳으로 가며,
라자스의 활동 요소를 지닌 사람은 이 세상 가운데 머물며,
타마스의 암흑 요소를 지닌 사람은 낮은 곳으로 간다.[6]

19...

지혜로운 사람은 다른 행위자가 없음을 보는 자이며
모든 행위는 구나(세 요소)들의 활동이라는 것을 안다.
(그러한) 물질의 세 요소들 너머[7]의 것을 알면
나의 상태에 이르게 된다.

20...

육신의 소유주가(몸을 입은 참나)
몸의 원인이 되는 물질의 세 요소를 초월하면
태어남(生)과 죽음(死)과 늙음(老)과 괴로움(苦)에서 벗어나
불사의 경지를 얻는다.

---

6 높은 곳, 중간, 낮은 곳이라고 구분지은 것은 윤회의 세계를 말한다. 높은 곳은 천상계(신적인 세계)를, 중간은 인간계를, 낮은 곳은 축생계를 가리킨다.

7 '물질의 세 요소 너머'라는 것은 자아, 혹은 정신(아트만, 푸루샤)을 가리킨다.

arjuna uvāca

21...

kair liṅgais trīn guṇān etān
atīto bhavati prabho ।
kim-ācāraḥ kathaṁ caitāṁs
trīn guṇān ativartate ॥

śrī bhagavān uvāca

22...

prakāśaṁ ca pravṛttiṁ ca
moham eva ca pṇḍava ।
na dveṣṭi sampravṛttāni
na nivṛttāni kāṅkṣati ॥

23...

udāsīna-vad āsīno
guṇair yo na vicālyate ।
guṇā vartanta ity evaṁ
yo 'vatiṣṭhati neṅgate ॥

아르주나가 말했다.

21...

크리슈나여, 물질의 세 요소들을 초월한 사람들은
어떠한 특징을 지녔습니까?
어떻게 행동하며,
어떻게 이 세 요소를 초월할 수 있습니까?

크리슈나가 말했다.

22...

(물질의 세 요소(구나)를 초월한 사람은)
밝음이 일어나면 일어나는 대로,
활동이 생겨나면 생겨나는 대로,
미혹이 일어나면 일어나는 대로
그것들을 싫어하지 않으며,
사라지는 그것들을 갈구하지도 않는다.

23...

물질의 세 요소(구나)들을 초월한 사람은
무심의 경지에 들고서 세 요소들에 의해 동요하지 않는다.
그는 물질의 세 요소(구나)들이 작용할 뿐이라고 생각하고
멀찌감치 있을 뿐 구경꾼처럼
무관심한 상태로 바라보기만 한다.

24...

sama-duḥkha-sukhaḥ sva-sthaḥ
sama-loṣṭāśma-kāñcan-aḥ ।
tulya-priyāpriyo dhīras
tulya-nindātma-saṁstutiḥ ॥

25...

mānāpamānayos tulyas
tulyo mitrāri-pakṣayoḥ ।
sarvārambha-parityāgī
guṇātītaḥ sa ucyate ॥

26...

māṁ ca yo 'vyabhicāreṇa
bhakti-yogena sevate ।
sa guṇān samatītyaitān
brahma-bhūyāya kalpate ॥

27...

brahmaṇo hi pratiṣṭhāham
amṛtasyāvyayasya ca ।
śāśvatasya ca dharmasya
sukhasyaikāntikasya ca ॥

24...
괴로움과 즐거움을 하나로 여기며,
흙과 돌과 황금을 동등하게 여긴다.
좋아하는 것과 좋아하지 않은 것을 동등하게 여기며,
비난과 칭찬을 동등하게 여긴다.[8]

25...
영예와 치욕을 동등하게 여기며,
친구와 적을 하나로 여기며,
인위적인 모든 행위를 포기한 사람을
물질의 세 요소를 초월한 사람이라 한다.

26...
변함없는 헌신의 요가로
오직 나에게 마음을 바쳐 공경하는 사람은
물질의 세 요소를 초월하여
브라만이 되기에 적합한 사람이다.

27...
왜냐하면 나는 토대이고
결코 소멸되지 않으며
또 변하지 않는 영원한 진리이며
완전한 행복의 근원이기 때문이다.

제14장 [물질의 세 요소를 초월하는 요가]

8 비난을 들어도 화내지 않고, 칭찬을 들어도 기뻐하지 않음을 말한다.

제15장

궁극적인 자아

puruṣottama yoga

yo mām evam asammūḍho
jānāti puruṣottamam ।
sa sarva-vid bhajati māṁ
sarva-bhāvena bhārata ॥ 15.19

미혹에서 벗어난 사람은
최고의 참나(푸루쇼타마)인 나를 안다.
바로 나를 아는 사람은 모든 것을 안다.
그는 혼신을 다하여 나를 신애한다. 아르주나여, (15.19)

śrī bhagavān uvāca

1...

ūrdhva-mūlam adhaḥ-śākham
aśvatthaṁ prāhur avyayam ।
chandāṁsi yasya parṇāni
yas taṁ veda sa veda-vit ॥

2...

adhaś co 'rdhvaṁ prasṛtās tasya śākhā
guṇa-pravṛddhā viṣaya-pravālāḥ ।
adhaś ca mūlāny anusantatāni
karmānubandhīni manuṣya-loke ॥

3...

na rūpam asyeha tathopalabhyate
nānto na cādir na ca sampratiṣṭhā ।
aśvattham enaṁ su-virūḍha-mūlam
asaṅga-śastreṇa dṛḍhena chittvā ॥

크리슈나가 말했다.

1...

뿌리는 위로 향하고 가지는 아래로 뻗으며
무성한 잎은 베다의 찬가들로 이루어진
불멸의 아슈바타 나무[1]에 대해 사람들은 말한다.
이 나무를 아는 자는 베다를 아는 자이다.

2...

이 나무는 물질세계의 요소(구나)들로부터 양분을 섭취하여
위아래로 가지를 뻗어가며 성장한다.
무성한 가지에서는 감각 대상인 싹이 움튼다.
아래로 뻗은 뿌리는 사람들에게서 행위를 일어나게 한다.

3...

이 현상세계에서 그의 형태(모습)를 볼 수 없으며,
그의 끝도, 시작도, 전개되는 형태도 알 수 없다.
이렇게 단단히 뿌리내리고 있는 이 나무를
강한 무집착의 도끼로 찍어내고,

1 아슈바타나무는 성무화과聖無花果나무로 알려져 있다. 붓다가 이 나무 아래서 성불했다고 전해진다. 보리수菩提樹, 길상수吉祥樹 등으로 불리기도 한다.
이 나무의 뿌리는 브라만 또는 근본원질이다. 가지가 아래로 뻗었다는 것은 온 우주의 활동이 그로부터 전개되어 현상세계로 펼쳐지기 때문이라고 말한다. 따라서 이 나무는 현상세계의 상징이라고 할 수 있다.

4...

tataḥ padaṁ tat parimārgitavyaṁ
yasmin gatā na nivartanti bhūyaḥ ।
tam eva cādyaṁ puruṣaṁ prapadye
yataḥ pravṛttiḥ prasṛtā purāṇī ॥

5...

nirmāna-mohā jita-saṅga-doṣā
adhyātma-nityā vinivṛtta-kāmāḥ ।
dvandvair vimuktāḥsukha-duḥkha-saṁjñair
gacchanty amūḍhāḥ padam avyayaṁ tat ॥

6...

na tad bhāsayate sūryo
na śaśāṅko na pāvakaḥ ।
yad gatvā na nivartante
tad dhāma paramaṁ mama ॥

4...

가면 다시는 돌아오지 않는
영원한 곳을 발견하게 될 것이다.
'우주의 모든 활동의 발원지인
태고의 정신(푸루샤)[2]에 귀의합니다'라고 다짐하면서.

5...

오만과 미혹에서 벗어난 사람. 집착과 허물을 극복한 사람.
항상 참나(아트만) 안에 머물러 욕망에서 벗어난 사람.
쾌락과 고통의 대립으로부터 벗어난 사람.
이와 같이 미혹됨이 없는 사람은 영원한 그곳에 이른다.

6...

태양도 달도 불도 비추지 못하는 곳이며
그곳에 이른 사람은
아무도 고통의 세계로 다시는 돌아가지 않는
그곳이 나의 영원한 거주처이다.

2 태고의 정신은 브라만이나 근본원질보다도 더 근원적인 신을 의미하는데, 성무화과나무로 상징되는 온 우주의 활동이 그로부터 전개되어 나온다고 한다.

7...

mamaivāṁśo jīva-loke
jīva-bhūtaḥ sanātanaḥ ।
manaḥ-ṣaṣṭhānīndriyāṇi
prakṛti-sthāni karṣati ॥

8...

śarīraṁ yad avāpnoti
yac cāpy utkrāmatīśvaraḥ ।
gṛhītvaitāni saṁyāti
vāyur gandhān ivāśayāt ॥

9...

śrotraṁ cakṣuḥ sparśanaṁ ca
rasanaṁ ghrāṇam eva ca ।
adhiṣṭhāya manaś cāyaṁ
viṣayān upasevate ॥

7...[3]

나의 일부분이 어떤 개인의 생명[4] 안에 영속하면서
개인적인 정신(참나)이 된다.
그것은 마음을 포함한 여섯 감각기관들, 근본원질
(프라크리티)에 근거한 감각기관들을 활동하게 한다.[5]

8...

영원한 생명이
육신을 취할 때이든, 몸을 떠날 때이든
마치 바람이 꽃으로부터 향기를 나르듯이,
감각기관들과 마음을 가져가 버린다.[6]

9...

영원한 생명(참나)은 귀와 눈을,
피부와 혀를,
코와 마음을 사용하여
감각의 대상을 즐긴다.

3 7-11절에서 윤회하는 자아를 말한다.

4 '생명'이란 '윤회하는 자아로서의 생명'을 의미하며, 또 물질세계에 갇혀 있는 각각의 '참나'를 말한다.

5 생명(jīva) 혹은 영혼은 물질세계에 갇혀있는 개체아(jīvatman, puruṣa)이다. 여기서 개체아가 바로 신의 부분임을 말하고 있다. 마음(manas)은 여섯 번째 감각기관으로서 이 감각기관들은 모두 근본원질(프라크리티)로부터 전개되어 나왔다.

6 윤회에 대한 중요한 설명이다. 자아 혹은 육신의 소유주는 육신을 떠날 때(죽을 때) 육신만 홀로 떠나는 것이 아니라 미세한 형태의 감각기관들로 구성된 미세신微細身이라는 것을 데리고 떠난다. 이는 우리가 현생에서 지은 업의 자취들을 가지고 있기 때문에 거기에 상응하는 새로운 몸으로 윤회하게 된다.

10...

utkrāmantaṁ sthitaṁ vāpi
bhuñjānaṁ vā guṇānvitam ।
vimūḍhā nānupaśyanti
paśyanti jñāna-cakṣuṣaḥ ॥

11...

yatanto yoginaś cainaṁ
paśyanty ātmany avasthitam ।
yatanto 'py akṛtātmāno
nainaṁ paśyanty acetasaḥ ॥

12...

yad āditya-gataṁ tejo
jagad bhāsayate 'khilam ।
yac candramasi yac cāgnau
tat tejo viddhi māmakam ॥

10...

육체를 떠나기도 하고, 몸 안에 머물기도 하며,
요소(구나)들로 감각의 대상들을 즐기는 그(참나)를
미혹된 자들은 보지 못한다.
하지만 지혜의 눈을 가진 자들은 그를 본다.

11...

성실하게 노력하는 요가수행자들은
자신 안에 머물고 있는 그(참나)를 본다.
하지만 노력한다 해도 완성되지 못한
어리석은 자들은 그를 발견하지 못한다.

12...

태양 안에 있으면서
온 세상을 밝게 비추는 빛,
달과 불 안에 있는 빛도
모두 나의 것임을 알아라.

13...

gām āviśya ca bhūtāni
dhārayāmy aham ojasā ।
puṣṇāmi cauṣadhīḥ sarvāḥ
somo bhūtvā rasātmakaḥ ॥

14...

ahaṁ vaiśvānaro bhūtvā
prāṇināṁ deham āśritaḥ ।
prāṇāpāna-samāyuktaḥ
pacāmy annaṁ catur-vidham ॥

15...

sarvasya cāhaṁ hṛdi sanniviṣṭo
mattaḥ smṛtir jñānam apohanaṁ ca ।
vedaiś ca sarvair aham eva vedyo
vedānta-kṛd veda-vid eva cāham ॥

13...

그리고 나는 대지로 스며들어
나의 힘(元氣)으로 만물을 존재하게 유지시킨다.
그리고 나는 생명의 물을 내려주는 소마[7]가 되어
모든 초목들을 양육한다.

14...

나는 생명을 주는 숨이 되어
생명체 안에 머물러서
들숨과 날숨을 결합하여
네 종류의 음식[8]을 소화시킨다.

15...

나는 모든 존재들의 가슴속에 머물고 있다.
나는 그들이 기억하고, 지식의 습득하고 망각하도록 한다.
모든 베다를 통해 알아야 할 것은 바로 나이다.
나는 곧 베단타[9]를 만든 자이며 베다를 아는 자이다.

7 소마soma초는 식물의 왕으로 간주되는 약초이다. 달의 신으로 간주되는 약초이다. 베다시대부터 이 약초의 즙을 신들이 마시는 신비로운물이었으며 제례의식에 사용되곤 했다. 여기에서 소마는 달(月)을 가리킨다.

8 네 종류의 음식이란 씹는 음식, 마시는 음식, 빨아먹는 음식, 핥아먹는 음식을 말한다.

9 베단타vedānta는 베다의 끝 부분, 곧 우파니샤드를 가리킨다. 또 그 사상에 근거한 철학학파의 명칭(베단타학파)이기도 하다.

16...

dvāv imau puruṣau loke
kṣaraś cākṣara eva ca ।
kṣaraḥ sarvāṇi bhūtāni
kūṭa-stho 'kṣara ucyate ॥

17...

uttamaḥ puruṣas tv anyaḥ
paramātmety udāhṛtaḥ ।
yo loka-trayam āviśya
bibharty avyaya īśvaraḥ ॥

18...

yasmāt kṣaram atīto 'ham
akṣarād api cottamaḥ ।
ato 'smi loke vede ca
prathitaḥ puruṣottamaḥ ॥

16...

세상에는 두 종류의 정신이 있다.
하나는 멸하는 것이고 다른 하나는 불멸하는 것이다.
멸하는 것은 모든 존재들이며,
불멸하는 것은 불변의 것이다.[10]

17...

최고의 아트만[11]으로 불리는
또 다른 최고의 참나(푸루샤)가 존재한다.
그는 온 우주에 충만하게 편재해 있으며
우주 만물을 유지하는 영원한 주재자(主)[12]이시다.

18...

나는 소멸하는 것도 초월하고
불멸마저도 초월한 존재이다.
그러기 때문에 세상과 모든 경전에서
최고의 참나(푸루쇼타마)로 찬양하고 있다.

---

10 정신(purușa)은 본래 모두 불멸이지만, 여기에서는 만유에 편재하는 보편적인 정신인 브라만을 불멸로, 그리고 생멸하는 물질에 속박되어 있는 정신, 즉 개인아(지바아트만)는 멸滅하는 것으로 간주하여 말하고 있다.

11 '최고의 아트만'(paramātman)은 물론 신神, 즉 '최고의 참나'를 말한다. 개체아보다도, 브라만보다도 더 높은 최고의 정신 혹은 인격(푸루샤 우따마)으로 말하고 있다.

12 '영원한 주재자'는 곧 최고의 아트만, 최고의 참나를 말한다.

19...

yo mām evam asammūḍho
jānāti puruṣottamam ।
sa sarva-vid bhajati māṁ
sarva-bhāvena bhārata ॥

20...

iti guhyatamaṁ śāstram
idam uktaṁ mayānagha ।
etad buddhvā buddhimān syāt
kṛta-kṛtyaś ca bhārata ॥

19...

미혹에서 벗어난 사람은
최고의 참나(푸루쇼타마)인 나를 안다.
바로 나를 아는 사람은 모든 것을 안다.
그는 혼신을 다하여 나를 신애한다. 아르주나여,

20...

이처럼 나는 그대에게 가장 비밀스런 가르침을 전해주었다.
이 가르침을 깨달으면 진정으로 지혜를 얻는다.
그러면 이번 생애에 해야 할 일,
즉 자신의 의무를 완수한 자가 된다. 아르주나여.

제15장 [궁극적인 자아]

제16장

선인의 길과 악인의 길

daivāsurasampadvibhāga yoga

tasmāc chāstraṁ pramāṇaṁ te
kāryākārya-vyavasthitau ।
jñātvā śāstra-vidhānoktaṁ
karma kartum ihārhasi ॥ 16.24

그러므로 그대는 무엇을 할 것이며
무엇을 하지 말아야 할 것인지
결정을 내려야 할 때, 그의 척도를 경전에 두어라.
경전에 기록된 그대의 의무를 확실히 알고서
그 가르침에 따라 행위하라. (16.24)

śrī bhagavān uvāca

1...

abhayaṁ sattva-saṁśuddhir
jñāna-yoga-vyavasthitiḥ ।
dānaṁ damaś ca yajñaś ca
svādhyāyas tapa ārjavam ॥

2...

ahiṁsā satyam akrodhas
tyāgaḥ śāntir apaiśunam ।
dayā bhūteṣv aloluptvaṁ
mārdavaṁ hrīr acāpalam ॥

크리슈나가 말했다.

1...[1]

아르주나여, 두려워하지 마라.
마음을 순수하고 청정하게 유지하라.
지혜의 수행(jñāna-yoga)에서 흔들림 없이 확고해라.
조건 없이 베풀어라. 감각기관의 욕망을 절제하라.
정성을 다하여 신을 섬기라(희생제의하라).
경전을 공부하여 진리를 알라.
고행, 즉 욕망을 버림으로써 자유로운 영혼을 누려라.
한결같이 정직한 마음을 가지라.

2...

누구에게든 폭력을 쓰거나 화내지 마라.
집착을 포기하여 평안을 누려라.
누구에게든 평정심을 가지라,
누구도 비방하지 마라.
모든 존재들에 대한 동정심을 가지라.
욕심내지 마라.
오만하지 말고 겸손해라. 변덕스러운 마음을 지니지 마라.

1 1-3절에서 '선인의 기질'을 말한다.

3...

tejaḥ kṣamā dhṛtiḥ śaucam
adroho nāti-mānitā ।
bhavanti sampadaṁ daivīm
abhijātasya bhārata ॥

4...

dambho darpo 'bhimānaś ca
krodhaḥ pāruṣyam eva ca ।
ajñānaṁ cābhijātasya
pārtha sampadam āsurīm ॥

5...

daivī sampad vimokṣāya
nibandhāyāsurī matā ।
mā śucaḥ sampadaṁ daivīm
abhijāto 'si pāṇḍava ॥

3...

어떠한 상황에서도 강건한 정신력을 가지라.
또한 잘 견디어 내는 인내심도 가지라.
순수하도록 노력하라.
어느 누구도 미워하지 마라.
오만하지 않아야 하며 겸손하도록 하라.
이러한 것들은 신성의 운명으로 태어난 자에게
주어진 것이다.

4...[2]

위선적이고 교만하고 오만하며
분노에 차 있고 무례하고 무지함 등은
악마적인 운명으로
태어난 자에게 주어진 것이다.

5...

신성한 자질은 해탈로 이끌려 가지만,
악마적인 자질은 속박으로 향하게 된다.
아르주나여, 슬퍼하지 말라.
그대는 신성한 운명으로 태어났단다.

2 4-5절에서 '악인의 기질'을 말한다.

6...

dvau bhūta-sargau loke 'smin
daiva āsura eva ca |
daivo vistaraśaḥ prokta
āsuraṁ pārtha me śṛṇu ||

7...

pravṛttiṁ ca nivṛttiṁ ca
janā na vidur āsurāḥ |
na śaucaṁ nāpi cācāro
na satyaṁ teṣu vidyate ||

8...

asatyam apratiṣṭhaṁ te
jagad āhur anīśvaram |
aparaspara-sambhūtaṁ
kim anyat kāma-haitukam ||

6...

이 세상에는 두 가지 성품의 존재가 있단다.
신성한 존재와 악마적인 존재가 그것이다.
신성한 존재에 대해서는 자세히 말했으니,
이제는 악마적인 존재에 대해 들어 보아라. 아르주나여,

7...[3]

악마적인 길을 가는 사람들은
해야 할 행위가 무엇인지를 몰라서 하지 못하고
하지 말아야 할 행위가 무엇인지를
알지 못하기에 애써서 한다.
결국 그들은 어떻게 하는 것이 올바른 행위인지,
무엇이 순수한 것인지도, 무엇이 진리인지도 모른다.

8...

그들은
이 세상은 진리도 없고, 근거도 없고, 주재자(神)도 없으며,
상호의존의 법칙성에 의해서 생긴 것도 아니라고 한다.
세상만물은 욕망이 원인이 되어
우연히 태어난 것일 뿐이지 다른 원인이 없다고 말한다.

3 7-20절에서 '악인의 기질을 가진 사람'에 대해 말한다.

9...

etāṁ dṛṣṭim avaṣṭabhya
naṣṭātmāno 'lpa-buddhayaḥ ।
prabhavanty ugra-karmāṇaḥ
kṣayāya jagato 'hitāḥ ॥

10...

kāmam āśritya duṣpūraṁ
dambha-māna-madānvitāḥ ।
mohād gṛhītvāsad-grāhān
pravartante 'śuci-vratāḥ ॥

11...

cintām aparimeyāṁ ca
pralayāntām upāśritāḥ ।
kāmopabhoga-paramā
etāvad iti niścitāḥ ॥

12...

āśā-pāśa-śatair baddhāḥ
kāma-krodha-parāyaṇāḥ ।
īhante kāma-bhogārtham
anyāyenārtha-sañcayān ॥

9...
이런 생각에 사로잡혀서 자기를 상실한 사람들은
자신의 형편없는 지식을 우선으로 여기며
거친 행동을 서슴없이 일삼으며
세상의 적이 되어 세상을 파멸시키고자 한다.

10...
만족할 줄 모르고 끝없이 이기적인 욕망을 좇으며,
위선과 교만함과 자만에 빠져 있다.
부질없는 망상으로 인해 옳지 못한 견해들을 지니며
순수하지 않은 서원을 세워서 행위한다.

11...
그들은 감각적인 욕망의 충족을
인생의 최고의 목표로 여긴다.
'이게 전부야'라고 확신하며
죽을 때까지 끝없는 근심에 파묻혀 산다.

12...
그들은 수많은 그릇된 욕망의 족쇄에 묶여
욕망과 분노에 지배당한다.
그들은 욕망을 충족시키기 위해
재물을 모으는데 온갖 부정한 방법들을 도모한다.

13...

idam adya mayā labdham
imaṁ prāpsye manoratham ।
idam astīdam api me
bhaviṣyati punar dhanam ॥

14...

asau mayā hataḥ śatrur
haniṣye cāparān api ।
īśvaro 'ham ahaṁ bhogī
siddho 'haṁ balavān sukhī ॥

15...

āḍhyo 'bhijanavān asmi
ko 'nyo 'sti sadṛśo mayā ।
yakṣye dāsyāmi modiṣya
ity ajñāna-vimohitāḥ ॥

16...

aneka-citta-vibhrāntā
moha-jāla-samāvṛtāḥ ।
prasaktāḥ kāma-bhogeṣu
patanti narake 'śucau ॥

13...
그들은 이렇게 생각할 것이다.
'오늘 나는 이것을 얻었고,
나는 하고자 하는 바람을 성취할 것이다.
이것은 나의 것이고, 저 재물 또한 나의 것이 될 것이다.'

14...
'나는 이 원수를 죽였고, 다른 원수들도 죽일 것이다.
나는 내 모든 것의 주인이고,
나는 내가 원하는 대로 즐길 수 있는 자이다.
나는 성공했고, 힘이 있으며, 행복하다.'

15...
'나는 부자이며 고귀한 가문에서 태어났다.
그 어느 누가 나와 견줄 수 있겠느냐?
나는 제사를 드릴 것이고, 보시할 것이다.
나는 기쁨을 누릴 것이다.'
이것이 바로 무지로 인해 미혹된 자들의 생각이다.

16...
그들은 수많은 생각에 현혹되어
마침내 망상의 그물에 걸리며,
욕망의 충족에만 집착하다가
결국에는 어두운 지옥에 떨어진다.

17...

ātma-sambhāvitāḥ stabdhā
dhana-māna-madānvitāḥ ।
yajante nāma-yajñais te
dambhenāvidhi-pūrvakam ॥

18...

ahaṅkāraṁ balaṁ darpaṁ
kāmaṁ krodhaṁ ca saṁśritāḥ ।
mām ātma-para-deheṣu
pradviṣanto 'bhyasūyakāḥ ॥

19...

tān ahaṁ dviṣataḥ krūrān
saṁsāreṣu narādhamān ।
kṣipāmy ajasram aśubhān
āsurīṣv eva yoniṣu ॥

20...

āsurīṁ yonim āpannā
mūḍhā janmani janmani ।
mām aprāpyaiva kaunteya
tato yānty adhamāṁ gatim ॥

17...

그들은 자만하고, 완고하며,
부귀와 명예를 얻었다고 오만하며,
그들은 제사를 드리긴 해도
법도를 어겨가며 이름뿐인 제사를 위선적으로 지낸다.

18...

그들은 이기심, 폭력, 오만,
탐욕과 분노로 자신을 채움으로써
그들은 그들 자신의 몸과 다른 사람들의 몸 안에
머물고 있는 나를 증오하며 시기한다.

19...

아르주나여,
나는 이런 가증스럽고 잔혹하며, 더러운 인간들,
악의를 가지고 악행을 저지르는 그런 사람들을
나는 악마의 자궁[4]에 던져 넣는다.

20...

그들은 악마의 자궁에 들어가서
생을 거듭할수록[5] 더 미혹되어
결국 나에게 이르지 못하고
오히려 최악의 삶의 길을 반복하게 된다. 아르주나여,

4 악마의 자궁이란 악마적 기질의 부류로 다시 태어나게 함을 말한다.
5 생生을 거듭한다는 말은 윤회의 의미이다.

21...

tri-vidhaṁ narakasyedaṁ
dvāraṁ nāśanam ātmanaḥ ।
kāmaḥ krodhas tathā lobhas
tasmād etat trayaṁ tyajet ॥

22...

etair vimuktaḥ kaunteya
tamo-dvārais tribhir naraḥ ।
ācaraty ātmanaḥ śreyas
tato yāti parāṁ gatim ॥

23...

yaḥ śāstra-vidhim utsṛjya
vartate kāma-kārataḥ ।
na sa siddhim avāpnoti
na sukhaṁ na parāṁ gatim ॥

21...

자신을 파멸의 지옥으로 들어가게 하는

세 개의 문이 있는데,

욕망, 분노, 탐욕이 그것이다.

그러므로 이 세 가지를 버리도록 해라.

22...

아르주나여,

지옥에 이르는 이 세 개의 문에서 벗어난 사람은

아트만을 위한 가치있는 일을 실천하며,[6]

그로 인해 최고의 목적에 이르게 된다.

23...

경전[7]의 가르침을 따르지 않고

모든 것을 욕망에 따라 행위하는 사람은

완성에 이르지 못한다.

행복을 맛보지 못함을 물론이고,

삶의 최고의 목적지에 이르지 못한다.

---

6 참나에 대한 깨달음을 추구하는 것이 가치 있는 일이라고 본다.

7 경전(śāstra)은 임시적인 명령이나 주장하는 것이 아니라, 체계화되고 법제화된 지식이다. 사스트라는 내용면에서 경론經論적인 측면보다는 계율戒律적인 측면이 강하다. 그러므로 수행이나 고행의 기준의 사상적 근거이기도 하다.

24...

tasmāc chāstraṁ pramāṇaṁ te
kāryākārya-vyavasthitau ।
jñātvā śāstra-vidhānoktaṁ
karma kartum ihārhasi ॥

24...

그러므로 그대는 무엇을 할 것이며
무엇을 하지 말아야 할 것인지
결정을 내려야 할 때,
그의 척도를 경전에 두어라.
경전에 기록된 그대의 의무를 확실히 알고서
그 가르침에 따라 행위하라.

제16장 [선인의 길과 악인의 길]

제17장

세 가지 믿음

śraddhātrayavibhāga yoga

sattvānurūpā sarvasya
śraddhā bhavati bhārata ।
śraddhā-mayo 'yaṁ puruṣo
yo yac-chraddhaḥ sa eva saḥ ॥ *17.3*

아르주나여,
모든 사람의 믿음은
그 사람의 기질을 따른다.
사람은 각자의 믿음으로 이루어져 있다.
그 사람의 믿음(신념)이
바로 그 사람 자신인 셈이다. (17.3)

arjuna uvāca

1...

ye śāstravidhimutsṛjya
yajante śraddhayānvitāḥ ।
teṣāṁ niṣṭhā tu kā kṛṣṇa
sattvamāho rajastamaḥ ॥

śrī bhagavān uvāca

2...

tri-vidhā bhavati śraddhā
dehināṁ sā svabhāva-jā ।
sāttvikī rājasī caiva
tāmasī ceti tāṁ śṛṇu ॥

3...

sattvānurūpā sarvasya
śraddhā bhavati bhārata ।
śraddhā-mayo 'yaṁ puruṣo
yo yac-chraddhaḥ sa eva saḥ ॥

아르주나가 말했다.

1...

경전의 가르침을 따르지 않지만

믿음이 충만하여 헌신하는 사람들은

그들의 믿음이 어떠합니까?

크리슈나여,

그와 같은 믿음은 순수, 격정, 암흑,

어느 상태에 기초한 것입니까?

크리슈나가 말했다.

2...

모든 사람들은 각자의 타고난 본성에서 생긴

각각의 세 가지의 믿음이 있다.

어떤 사람은 순수하고 고요한 본성에서 생기는 믿음을,

어떤 사람은 활동적인 본성에서 생기는 믿음을,

어떤 사람은 암흑적인 본성에서 생기는 믿음을 가지고 있다.

그것에 대해 들어 보라.

3...

아르주나여,

모든 사람의 믿음은

그 사람의 기질을 따른다.

사람은 각자의 믿음으로 이루어져 있다.

그 사람의 믿음(신념)이 바로 그 사람 자신인 셈이다.

4...

yajante sāttvikā devān
yakṣa-rakṣāṁsi rājasāḥ ।
pretān bhūta-gaṇāṁ ścānye
yajante tāmasā janāḥ ॥

5...

aśāstra-vihitaṁ ghoraṁ
tapyante ye tapo janāḥ ।
dambhāhaṅkāra-saṁyuktāḥ
kāma-rāga-balānvitāḥ ॥

6...

karṣayantaḥ śarīra-sthaṁ
bhūta-grāmam acetasaḥ ।
māṁ caivāntaḥ śarīra-sthaṁ
tān viddhy āsura-niścayān ॥

4...

순수하고 고요한 기질을 가진 사람은
천상의 신들을 숭배한다.
활동적 기질을 갖은 사람은
요괴와 도깨비들[1]에게 제사를 지낸다.
어두운 기질을 갖은 사람은
죽은 망령과 귀신의 무리에게 제사지낸다.

5...

경전에 규정되어 있지 않은
가혹한 고행을 하는 고행자들이 있다.
이들은 위선과 자기의식에 얽매여 있고,
탐욕과 열정의 힘에 휩싸여서

6...

자신의 육체(몸의 각 기관들)를 괴롭히는 건
말할 필요도 없고,
자신의 몸 안에 머물고 있는 나까지 괴롭히는 바보들이다.
탐욕과 열정에 휩싸여 가혹한 고행을 하는
이런 사람들은 악마와 같은 결심을 한 자임을 알아라.

---

1 약샤yakṣa는 재물을 관장하는 신이며, 락샤스rakṣā는 힘을 관장하는 신이다. 결국 재물과 권력에 사로잡혀 있는 신을 말한다.

7...

āhāras tv api sarvasya
tri-vidho bhavati priyaḥ ।
yajñas tapas tathā dānaṁ
teṣāṁ bhedam imaṁ śṛṇu ॥

8...

āyuḥ-sattva-balārogya-
sukha-prīti-vivardhanāḥ ।
rasyāḥ snigdhāḥ sthirā hṛdyā
āhārāḥ sāttvika-priyāḥ ॥

9...

kaṭv-amla-lavaṇāty-uṣṇa-
tīkṣṇa-rūkṣa-vidāhinaḥ ।
āhārā rājasasyeṣṭā
duḥkha-śokāmaya-pradāḥ ॥

10...

yāta-yāmaṁ gata-rasaṁ
pūti paryuṣitaṁ ca yat ।
ucchiṣṭam api cāmedhyaṁ
bhojanaṁ tāmasa-priyam ॥

7...

자신의 기질과 믿음에 따라
좋아하는 음식도 세 가지로 다르게 나타난다.
제사드리는 것도, 고행하는 것도,
보시하는 방법도 기질과 믿음에 따라 다르다.
그것들이 어떻게 다른지 들어보라.

8...

순수하고 고요한 기질의 사람은(사트바 요소를 지닌 사람)
생명력과 활력을 주고, 힘과 건강을 증진시켜 주는 음식을,
즐거움과 만족감을 주며, 맛있고 기름지고 단단한 음식을,
신선하고 영양이 풍부하여 기분 좋게 하는 음식을 좋아한다.

9...

활동적인 기질의 사람은(라자스 요소를 지닌 사람)
몹시 쓰거나, 시고 짜고 맵고 자극적인 음식을,
거칠고, 탄, 건조하고 뜨거운 음식들을 좋아한다.
그러한 음식물은 고통과 괴로움과 질병을 가져다 준다.

10...

어두운 기질의 사람은(타마스 요소를 지닌 사람)
상하고, 맛이 가고, 악취가 나고, 신선하지 않고,
먹다 남은 음식, 고유의 맛을 잃어버린 음식을,
봉헌물로 바치기에도 부적합한 불순한 음식을 좋아한다.

11...

aphalākāṅkṣibhir yajño
vidhi-diṣṭo ya ijyate ।
yaṣṭavyam eveti manaḥ
samādhāya sa sāttvikaḥ ॥

12...

abhisandhāya tu phalaṁ
dambhārtham api caiva yat ।
ijyate bharata-śreṣṭha
taṁ yajñaṁ viddhi rājasam ॥

13...

vidhi-hīnam asṛṣṭānnaṁ
mantra-hīnam adakṣiṇam ।
śraddhā-virahitaṁ yajñaṁ
tāmasaṁ paricakṣate ॥

14...

deva-dvija-guru-prājña-
pūjanaṁ śaucam ārjavam ।
brahmacaryam ahiṁsā ca
śārīraṁ tapa ucyate ॥

11...
순수하고 고요한 기질의 사람은
어떠한 대가도 바라지 않고,
경전의 가르침에 따라
기꺼이 제사를 지낸다.

12...
아르주나여,
활동적인 기질의 사람은
좋은 결과에 대한 기대를 염두에 두고
남에게 과시하기 위해서 제사를 지낸다.

13...
어두운 기질의 사람은
경전에서 규정한 바를 어기고
신성한 제물도 바치지 않으며,
주문呪文도 없고
바라문(사제)에게 사례도 하지 않으며,
지극히 믿음이 부족한 제사를 지낸다.

14... (14-19절: 세 가지의 고행)
몸의 고행이란
신과 바라문과 스승과 지혜로운 자에 대한 공경,
순수함, 정직, 금욕과 비폭력,
이런 것이다.

15...

anudvega-karaṁ vākyaṁ
satyaṁ priya-hitaṁ ca yat ।
svādhyāyābhyasanaṁ caiva
vāṅ-mayaṁ tapa ucyate ॥

16...

manaḥ-prasādaḥ saumyatvaṁ
maunam ātma-vinigrahaḥ ।
bhāva-saṁśuddhir ity etat
tapo mānasam ucyate ॥

17...

śraddhayā parayā taptaṁ
tapas tat tri-vidhaṁ naraiḥ ।
aphalākāṅkṣibhir yuktaiḥ
sāttvikaṁ paricakṣate ॥

18...

satkāra-māna-pūjārthaṁ
tapo dambhena caiva yat ।
kriyate tad iha proktaṁ
rājasaṁ calam adhruvam ॥

śraddhātrayavibhāga yoga

15...

말의 고행이란 아무에게도 상처주지 않게 말하고,
진실하게 말하고,
유쾌하게 말하고,
상대에게 도움이 되게 말하고
그리고 지속적으로 경전을 암송하고,
이런 것이 말의 엄격한 수행이다.

16...

마음의 고행이란
마음의 평정, 온화하고, 침묵하고,
자기를 제어하고, 청정한 마음을 갖고
이런 것이 마음의 엄격한 수행이다.

17...

순수하고 고요한 기질의 사람은
어떠한 결과도 기대하지 않고
지극한 믿음으로 꾸준히
이 세 가지 고행을 한다.

18...

활동적인 기질의 사람은 명예를 얻기 위해서,
칭찬과 존경을 받기 위한 목적으로 위선적인 고행을 한다.
결국 이들의 고행은
불안정하여 상황에 따라 바뀌며, 오래가지 못한다.

19...

mūḍha-grāheṇātmano yat
pīḍayā kriyate tapaḥ ।
parasyotsādanārthaṁ vā
tat tāmasam udāhṛtam ॥

20...

dātavyam iti yad dānaṁ
dīyate 'nupakāriṇe ।
deśe kāle ca pātre ca
tad dānaṁ sāttvikaṁ smṛtam ॥

21...

yat tu pratyupakārārthaṁ
phalam uddiśya vā punaḥ ।
dīyate ca parikliṣṭaṁ
tad dānaṁ rājasaṁ smṛtam ॥

22...

adeśa-kāle yad dānam
apātrebhyaś ca dīyate ।
asat-kṛtam avajñātaṁ
tat tāmasam udāhṛtam ॥

19...

어두운 기질의 사람은
자신을 괴롭히는 것이 진정으로 영적 행위라는
미혹된 견해에 따라
타인의 파멸을 목적으로 고행을 한다.

20...

순수하고 고요한 기질의 사람은
어떠한 대가도 바라지 않고 베푸는 것을
당연한 의무라고 생각한다.
적절한 상황과 올바른 때에
도움 받아야 할 사람에게 도움을 준다.

21...

활동적인 기질의 사람은
호의적인 대가를 받으려는 목적으로
혹은 베푼다는 공덕을 쌓으려는 마음으로,
마지못해서 보시를 한다.

22...

어두운 기질의 사람은
때와 장소가 적절하지 못한 상황에서 ,
받을 가치가 없는 사람들에게,
존중하는 마음조차 없이
그들에게 모욕감을 주면서 보시를 한다.

23...

oṁ tat sad iti nirdeśo
brahmaṇas tri-vidhaḥ smṛtaḥ ।
brāhmaṇās tena vedāś ca
yajñāś ca vihitāḥ purā ॥

24...

tasmād oṁ ity udāhṛtya
yajña-dāna-tapaḥ-kriyāḥ ।
pravartante vidhānoktāḥ
satataṁ brahma-vādinām ॥

25...

tad ity anabhisandhāya
phalaṁ yajña-tapaḥ-kriyāḥ ।
dāna-kriyāś ca vividhāḥ
kriyante mokṣa-kāṅkṣibhiḥ ॥

23...

'옴', '탓', '삿',[2]

이 세 음절은 브라만을 가리키는 말이라고 전해진다.
그것에 의해 바라문(사제)과 베다와 제사의례가
오래전에 제정되어졌다.

24...

그러므로 베다를 공부하는 사람들은
언제나 '옴' 을 음송한 다음에
베다에 기록된 규범대로
제사와 보시와 고행의 행위를 한다.

25...

어떠한 결과를 바라지 않고
오직 해탈을 갈망하는 사람들은
'탓' 소리를 음송한 다음에
제사와 보시와 고행의 행위를 한다.

2 '옴oṃ'은 『찬도갸 우파니샤드』*Chāndogya Upaniṣad*(1.8.1)에 나오듯이 브라만을 가리키는 음절이며, 최고 브라만의 절대성을 나타낸다.
'탓tat' 역시 『찬도갸 우파니샤드』(6.8.7)에서 브라만을 가리키는 말로서 브라만의 보편성을 나타낸다.
'삿sat' 또한 『타잇트리야 우파니샤드』*Taittirīya Upaniṣad*(6.2.1)에서 불변하는 존재 자체인 브라만을 가리키며, 브라만의 실재성을 의미하기도 하고, '선善'이라는 의미도 있다. 이 세 음절이 하나의 만트라를 형성한다.

26...

sad-bhāve sādhu-bhāve ca
sad ity etat prayujyate ।
praśaste karmaṇi tathā
sac-chabdaḥ pārtha yujyate ॥

27...

yajñe tapasi dāne ca
sthitiḥ sad iti cocyate ।
karma caiva tad-arthīyaṁ
sad ity evābhidhīyate ॥

28...

aśraddhayā hutaṁ dattaṁ
tapas taptaṁ kṛtaṁ ca yat ।
asad ity ucyate pārtha
na ca tat pretya no iha ॥

26...
'삿'은
'실재實在'라는 뜻과 '선善'이라는 뜻으로도 사용된다.
또한 '삿'이라는 단어는
'칭찬할 행위'를 의미하기도 한다.
아르주나여.

27...
제사와 고행과 보시를 확고하게 하는 것을
역시 '삿'이라고 한다.
그리고 제사와 고행과 보시에
부합하는 행위도
'삿'이라고 한다.

28...
신념이 없이 제물을 바치고, 보시하고,
고행을 행하는 것은 모두 '아삿'이라고 한다.
'아삿'이란 '참되지 않은 것'이라는 의미이다.
아르주나여,
그것은 이 세상에서나 다음 세상에서나
아무런 가치가 없다.

제17장 [세 가지 믿음]

제18장

해탈의 길
- 포기와 자유
mokṣasaṁnyāsa yoga

man-manā bhava mad-bhakto
mad-yājī māṁ namaskuru ।
māṁ evaiṣyasi satyaṁ te
pratijāne priyo 'si me ॥ 18.65

언제, 어디에서나
오직 나만을 생각하고 나를 신애하라.
나에게 제사지내라.
그대의 모든 행위가 나를 위한 제물이 되도록.
그리하면 그대는 나에게 이를 것이다.
그대는 나의 소중한 자이기에,
사랑하는 그대를 위한 진실한 약속이다. (18.65)

arjuna uvāca

1...

sannyāsasya mahā-bāho
tattvam icchāmi veditum ।
tyāgasya ca hṛṣīkeśa
pṛthak keśi-niṣūdana ॥

śrī bhagavān uvāca

2...

kāmyānāṁ karmaṇāṁ nyāsaṁ
sannyāsaṁ kavayo viduḥ ।
sarva-karma-phala-tyāgaṁ
prāhus tyāgaṁ vicakṣaṇāḥ ॥

3...

tyājyaṁ doṣa-vad ity eke
karma prāhur manīṣiṇaḥ ।
yajña-dāna-tapaḥ-karma
na tyājyam iti cāpare ॥

아르주나가 말했다.

1...

크리슈나여,
저는 '산야사(포기)'와 '티야가(단념)'의
진정한 의미를 알고 싶습니다.
각각 어떻게 다른지 말씀해 주십시오.

크리슈나가 말했다.

2...

현자들은 욕망에 따른 행위를 하지 않는 것을
포기('산야사sannyāsa')라 하며,
지혜로운 사람들은
모든 행위의 결과를 바라지 않는 것을
단념('티야가tyāga')라 한다.

3...

어떤 사람들은 행위는 본래 악한 것이니
모든 어떤 사람들은
제사와 보시와 고행과 같은 행위는
단념해서는 안 된다고 말한다.

4...

niścayaṁ śṛṇu me tatra
tyāge bharata-sattama ।
tyāgo hi puruṣa-vyāghra
tri-vidhaḥ samprakīrtitaḥ ॥

5...

yajña-dāna-tapaḥ-karma
na tyājyaṁkāryam eva tat ।
yajño dānaṁtapaścaiva
pāvanāni manīṣiṇām ॥

6...

etāny api tu karmāṇi
saṅgaṁ tyaktvā phalāni ca ।
kartavyānīti me pārtha
niścitaṁ matam uttamam ॥

7...

niyatasya tu sannyāsaḥ
karmaṇo nopapadyate ।
mohāt tasya parityāgas
tāmasaḥ parikīrtitaḥ ॥

4...

아르주나여,

잘 들어라.

이제 내가 단념(티야가)에 관한 결론을 말하겠다.

참으로 단념[1]은 세 가지 종류가 있다.

5...

제사와 보시와 고행을 행하는 것은

단념해서는 안 된다.

제사와 보시와 고행이야말로

지혜로운 사람들을 정화시킨다.

6...

그러나, 이러한 행위들조차도

집착을 버리고,

어떠한 대가도 바라지 않고 행해져야 한다. 아르주나여,

이것은 최고 중요한 결론이다.

7...

그러나 해야 할 의무적인 행위를 포기하는 것은 옳지 않다.

해야 할 의무를 포기하는 것은

망상에 사로잡혀 있기 때문이며,

어두운 기질에서 비롯되는 것이다

1 어떠한 대가를 바라지 않고 행위하는 것에는 세 가지의 행위가 있다는 말이다(7-9절에서 설명함).

8...

duḥkham ity eva yat karma
kāya-kleśa-bhayāt tyajet ।
sa kṛtvā rājasaṁ tyāgaṁ
naiva tyāga-phalaṁ labhet ॥

9...

kāryam ity eva yat karma
niyataṁ kriyate 'rjuna ।
saṅgaṁ tyaktvā phalaṁ caiva
sa tyāgaḥ sāttviko mataḥ ॥

10...

na dveṣṭy akuśalaṁ karma
kuśale nānuṣajjate ।
tyāgī sattva-samāviṣṭo
medhāvī chinna-saṁśayaḥ ॥

11...

na hi deha-bhṛtā śakyaṁ
tyaktuṁ karmāṇy aśeṣataḥ ।
yas tu karma-phala-tyāgī
sa tyāgīty abhidhīyate ॥

8...

고통스럽다는 이유로 또는
육체적 괴로움이 두려워 행위를 하지 않는 것은
활동적인 기질에서 단념하였기 때문에
결코 단념으로부터 얻어지는 결과를 얻지 못한다.

9...

그러나 해야 할 의무적인 행위를
해야 한다고 단순히 생각하고 행하며,
집착과 결과에 대한 기대를 단념한 채 행위하는 것은
순수하고 고요한 요소의 기질에서 온다. 아르주나여,

10...

순수한 성질로 가득차고 단념(떨쳐버림)에 대해
현명한 사람은 한 치의 의심도 없애버리고,
달갑지 않은 일이라 해도 싫어하지 않고
달가운 일이라고 해도 집착하지 않는다.

11...

육체를 가진 사람으로서
모든 행위를 완전히 단념한다는 것은 참으로 불가능하다.
그러나 행위의 결과를 단념하는 사람을
진정한 티야기(단념자=포기자)라 한다.

12...

aniṣṭam iṣṭaṁ miśraṁ ca
tri-vidhaṁ karmaṇaḥ phalam ।
bhavaty atyāgināṁ pretya
na tu sannyāsināṁ kvacit ॥

13...

pañcaitāni mahā-bāho
kāraṇāni nibodha me ।
sāṅkhye kṛtānte proktāni
siddhaye sarva-karmaṇām ॥

14...

adhiṣṭhānaṁ tathā kartā
karaṇaṁ ca pṛthag-vidham ।
vividhāś ca pṛthak ceṣṭā
daivaṁ caivātra pañcamam ॥

15...

śarīra-vāṅ-manobhir yat
karma prārabhate naraḥ ।
nyāyyaṁ vā viparītaṁ vā
pañcaite tasya hetavaḥ ॥

12...
행위의 결과를 단념하지 못하고 미련을 가진 사람은
죽어서 세 가지 결과를 얻는다.
원했던 것, 원치 않았던 것,
이들이 혼합된 것의 결과가 일어난다.
그러나 행위의 결과에 대한 기대를 포기한 사람에게는 어떠한 결과도 없다.

13...
샹키야의 가르침에서 말하고 있는
모든 행위를 완수하기 위해 필요한
다섯 가지 요소들을
나에게서 배워라. 아르주나여,

14...
이 다섯 가지란
몸과 행위하고 있는 자와
(행위 수단으로서의) 감각기관과
(행위를 일으키는) 기운과 (위의 것들의 통솔)의지이다.

15...
사람이 몸으로, 말로, 마음으로,
어떠한 행위를 하든지 간에,
그것이 올바른 행위이든, 그릇된 행위이든,
이 다섯 가지가 모든 행위를 구성하는 원인들이다.

16...

tatraivaṁ sati kartāram
ātmānaṁ kevalaṁ tu yaḥ ।
paśyaty akṛta-buddhitvān
na sa paśyati durmatiḥ ॥

17...

yasya nāhaṅkṛto bhāvo
buddhir yasya na lipyate ।
hatvāpi sa imāl lokān
na hanti na nibadhyate ॥

18...

jñānaṁ jñeyaṁ parijñātā
tri-vidhākarma-codanā ।
karaṇaṁ karma karteti
tri-vidhaḥ karma-saṅgrahaḥ ॥

16...

행위의 이런 구성요소에 대한
이해가 부족한 사람들은
자신을 행위자라고 간주한다.
이는 진실을 보지 못하는 무지한 자이다.

17...

자신을 행위자로 간주하지 않는 사람은
어떠한 행위를 해도 오염되지 않는다.
그가 비록 살아 있는 사람을 죽인다 해도
사실 그는 행위자가 아니므로 자신이 죽인 것이 아니며,
자신의 행위에 의해 속박되지도 않는다.

18...

앎, 앎의 대상, 앎의 주체자(아는 자),
이 세 가지[2]는 행위를 유발시키는 것이며,
행위자, 행위를 일으키는 기운, 감각기관의 활동,
이 세 가지는 행위를 실행하는 것이다.

2 요가의 목적인 '해탈', 또는 '삼매三昧'라는 단어에서 알 수 있듯이, 행위를 일어나도록 하는 이 세 가지가 어두워진 상태를 '삼매'라 한다. 결국 행위가 일어나지 않은 적정의 상태를 의미하는 것이라 할 수 있다.

19...

jñānaṁ karma ca kartā ca
tridhaiva guṇa-bhedataḥ ।
procyate guṇa-saṅkhyāne
yathāvac chṛṇu tāny api ॥

20...

sarva-bhūteṣu yenaikaṁ
bhāvam avyayam īkṣate ।
avibhaktaṁ vibhakteṣu
taj jñānaṁ viddhi sāttvikam ॥

21...

pṛthaktvena tu yaj jñānaṁ
nānā-bhāvān pṛthag-vidhān ।
vetti sarveṣu bhūteṣu
taj jñānaṁ viddhi rājasam ॥

19...

앎, 앎의 대상, 앎의 주체자는
물질적 요소(구나)들의 차이에 따라
세 가지가 있다고 한다.
그것들의 차이를 잘 들어 보아라.

20...

존재하는 모든 것들 속에서
하나의 불변의 실재를 보며,
나누어져 있는 다양한 만물 속에서
나누어져 있지 않는 통일된 존재를 보는,
그러한 앎이 순수의 기운[3]에서 비롯된 앎이다.

21...

그러나 존재하는 모든 것들 속에서
각각 다른 다양한 존재들을
개별적으로 구별하여 아는,
그런 앎은 활동적 기운[4]에서 비롯된 앎이다.

3 순수의 기운이란 '신의 속성'을 말한다.
4 활동적 기운이란 '인간의 속성'을 가리킨다.

22...

yat tu kṛtsna-vad ekasmin
kārye saktam ahaitukam ।
atattvārtha-vad alpaṁca
tat tāmasam udāhṛtam ॥

23...

niyataṁ saṅga-rahitam
arāga-dveṣataḥ kṛtam ।
aphala-prepsunā karma
yat tat sāttvikam ucyate ॥

24...

yat tu kāmepsunā karma
sāhaṅkāreṇa vā punaḥ ।
kriyate bahulāyāsaṁ
tad rājasam udāhṛtam ॥

25...

anubandhaṁ kṣayaṁ hiṁsām
anapekṣya ca pauruṣam ।
mohād ārabhyate karma
yat tat tāmasam ucyate ॥

22...
그러나 논리적 근거가 없이
하나의 결과를 마치 전부인 것으로 집착하여
원인을 무시하고, 진리에 부합하지 않는 하찮은
그런 앎은 어둠의 기운에서 비롯된 앎이다.

23...
결과에 대한 기대하는 바 없이
싫어하지도 않고, 좋아하지도 않으며,
자기에게 맡겨진 의무를 행하는 것,
그것이 순수한 기운에서 비롯되는 행위이다.

24...
그러나 욕망을 추구하고자
혹은 자신의 생각을 관철시키기 위해
결과를 기대하면서, 사력을 다하여 노력하는 것,
그것은 활동적인 기운에서 비롯되는 행위이다.

25...
행위의 결과와 그로 인해 오는 손실,
다른 존재에게 주는 상해를 고려하지 않고
자신의 능력도 파악하지 않은 상태에서, 망상에 빠져 정신 없이 행한 행위, 그것은 어둠의 기운에서 비롯되는 행위이다.

26

mukta-saṅgo 'nahaṁ-vādī
dhṛty-utsāha-samanvitaḥ ।
siddhy-asiddhyor nirvikāraḥ
kartā sāttvika ucyate ॥

27...

rāgī karma-phala-prepsur
lubdho hiṁsātmako 'śuciḥ ।
harṣa-śokānvitaḥ kartā
rājasaḥ parikīrtitaḥ ॥

28...

ayuktaḥ prākṛtaḥ stabdhaḥ
śaṭho naiṣkṛtiko 'lasaḥ ।
viṣā dīdīrgha-sūtrī ca
kartā tāmasa ucyate ॥

29...

buddher bhedaṁ dhṛteś caiva
guṇatas tri-vidhaṁ śṛṇu ।
procyamānam aśeṣeṇa
pṛthaktvena dhanañjaya ॥

26

결과에 대한 집착에서 벗어나 자유로우며,
자기를 내세우지 않으며, 확고함과 열정이 충만하고
성공과 실패에 흔들리지 않고 똑같이 여기는
그런 사람을 순수한 기운의 행위자라고 한다.

27...

강한 열망을 지니고 있고, 행위의 결과를 기대하고,
탐욕스럽고, 폭력적이고, 불순하고,
기쁨과 슬픔에 쉽게 휘둘리는 사람,
그런 사람을 활동적 기운의 행위자라고 한다.

28...

불안정하고, 저속하고, 완고하며,
위선적이고, 정직하지 못하고, 나태하며,
쉽게 낙담하고, 해야 할 일을 미루는 사람,
그런 사람을 어두운 기운의 행위자라고 한다.

29...

물질의 세 요소(구나)들에 따라
각기 다르게 나타나는 지성과 확고함(의지력)을
세 가지로 구별하여 상세하게 설명해 줄 터이니
들어 보아라. 아르주나여,

30...

pravṛttiṁ ca nivṛttiṁ ca
kāryākārye bhayābhaye ।
bandhaṁ mokṣaṁ ca yā vetti
buddhiḥ sā pārtha sāttvikī ॥

31...

yayā dharmam adharmaṁ ca
kāryaṁ cākāryam eva ca ।
ayathāvat prajānāti
buddhiḥ sā pārtha rājasī ॥

32...

adharmaṁ dharmam iti yā
manyate tamasāvṛtā ।
sarvārthān viparītāṁś ca
buddhiḥ sā pārtha tāmasī ॥

30...

행위를 행할 때와
행위를 포기해야 할 때를 아는 것,
무엇을 해야 하고
무엇을 하지 않아야 하는지를 아는 것,
무엇을 두려워하고
무엇을 두려워하지 않아야 하는지를 아는 것,
무엇을 속박이라 하고
무엇을 해탈이라 하는지를 아는 것,
이런 것이 곧 순수한 요소에서 비롯되는 지성知性이다.
아르주나여,

31...

무엇이 옳고 무엇이 그릇된 것인가를 구별하지 못하고
해야 할 일과 해서는 안 되는 일을
제대로 판단하지 못하는,
이런 것은 활동적 요소에서 비롯되는 지성이다. 아르주나여,

32...

어두움에 덮여서
옳지 않은 것을 옳은 것이라고 생각하고,
모든 것을 왜곡하여 생각하는,
이런 것은 어두운 요소에서 비롯되는 지성이다. 아르주나여,

33...

dhṛtyā yayā dhārayate
manaḥ-prāṇendriya-kriyāḥ ।
yogenāvyabhicāriṇyā
dhṛtiḥ sā pārtha sāttvikī ॥

34...

yayā tu dharma-kāmārthān
dhṛtyā dhārayate 'rjuna ।
prasaṅgena phalākāṅkṣī
dhṛtiḥ sā pārtha rājasī ॥

35...

yayā svapnaṁbhayaṁ śokaṁ
viṣādaṁ madam eva ca ।
na vimuñcati durmedhā
dhṛtiḥ sā pārtha tāmasī ॥

36...

sukhaṁ tv idānīṁ tri-vidhaṁ
śṛṇu me bharatarṣabha ।
abhyāsād ramate yatra
duḥkhāntaṁ ca nigacchati ॥

33...

흔들림 없이 요가수행을 통해서
마음과 호흡과 감각기관의 활동을 제어하여
굳게 유지하게 하는, 그런 것이 바로 순수한 요소에서
비롯된 확고함이다. 아르주나여,

34...

그러나 의무와 쾌락과 재물을 추구하려고
강하게 매달리는 확고함,
즉 행위의 결과에 집착하는,
그런 것이 어두운 요소에서 비롯된 확고함이다. 아르주나여,

35...

잠, 두려움, 슬픔,
낙심, 자만, 방종 등에서
벗어나지 못하는 어리석은,
그런 것은 어두운 기운에서 비롯되는 확고함이다.

36...

이제 근본물질의 세 요소 기운에 따라 나타나는
세 유형의 행복에 대해 말해주겠다.
잘 듣고 반복적으로 수행을 함으로써
그대는 행복을 맞이하고, 고통의 끝에 이르게 된다.

37...

yat tad agre viṣam iva
pariṇāme 'mṛtopamam ।
tat sukhaṁ sāttvikaṁ proktam
ātma-buddhi-prasāda-jam ॥

38...

viṣayendriya-saṁyogād
yat tad agre 'mṛtopamam ।
pariṇāme viṣam iva
tat sukhaṁ rājasaṁ smṛtam ॥

39...

yad agre cānubandhe ca
sukhaṁ mohanam ātmanaḥ ।
nidrālasya-pramādotthaṁ
tat tāmasam udāhṛtam ॥

40...

na tad asti pṛthivyāṁ vā
divi deveṣu vā punaḥ ।
sattvaṁ prakṛti-jair muktaṁ
yad ebhiḥ syāt tribhir guṇaiḥ ॥

37...

처음에는 독과 같으나
마지막에는 감로와 같은 즐거움은,
자아를 분명하게 깨달은 지혜의 청정에서 오는,
이런 행복은 순수한 기운에서 비롯된다.

38...

감각기관이 그의 대상과 접촉하여
감각적인 쾌락이 생겨나는,
처음에는 감로처럼 달지만 마지막에는 독약처럼 쓴,
이런 행복감은 활동적 기운에서 비롯된다.

39...

처음부터 결과에 이르기까지
자신을 미혹시키며,
수면과 나태와 방종에서 생기는
이런 행복감은 어두운 기운에서 비롯된다.

40...

프라크리티(근본원질)에서 생긴
이 세 요소(구나)에서 자유로운 존재는 하나도 없다.
지상에 있는 존재이든, 하늘에 있는 신들이든
아무도 이 세 요소들로부터 자유롭지 않다.

41...

brāhmaṇa-kṣatriya-viśāṁ
śūdrāṇāṁ ca parantapa ।
karmāṇi pravibhaktāni
svabhāva-prabhavair guṇaiḥ ॥

42...

śamo damas tapaḥ śaucaṁ
kṣāntir ārjavam eva ca ।
jñānaṁ vijñānam āstikyaṁ
brahma-karma svabhāva-jam ॥

43...

śauryaṁ tejo dhṛtir dākṣyaṁ
yuddhe cāpy apalāyanam ।
dānam īśvara-bhāvaś ca
kṣātraṁ karma svabhāva-jam ॥

44...

kṛṣi-go-rakṣya-vāṇijyaṁ
vaiśya-karma svabhāva-jam ।
paricaryātmakaṁ karma
śūdrasyāpi svabhāva-jam ॥

41...

자신의 타고난 세 요소(구나)들에 따라
제각기 다른 의무를 갖는다.
브라만과 크샤트리아와 바이샤,
그리고 수드라의 의무는 본성에서 생기는
세 요소들에 의해 구분되어 있다. 아르주나여,

42...

평정, 자제, 고행, 순수,
인내, 정직, 지혜, 통찰,
신에 대한 믿음과 같은 것은
자신의 본성에서 생긴 브라만의 행위이다.

43...

용맹, 활력, 불굴의 의지,
기민함, 전투에서 물러서지 않는 결단력,
관대함과 지배자적 기질 등은
자신의 본성에서 생긴 크샤트리아의 행위이다.

44...

농사, 목축, 상업 등은
본성에서 생긴 바이샤의 행위이다.
그리고 남을 섬기며, 봉사의 의무 등은
본성에서 생긴 수드라의 행위이다.

45...

sve sve karmaṇy abhirataḥ
saṁsiddhiṁ labhate naraḥ |
sva-karma-nirataḥ siddhiṁ
yathā vindati tac chṛṇu ||

46...

yataḥ pravṛttir bhūtānāṁ
yena sarvam idaṁ tatam |
sva-karmaṇā tam abhyarcya
siddhiṁ vindati mānavaḥ ||

47...

śreyān sva-dharmo viguṇaḥ
para-dharmāt sv-anuṣṭhitāt |
svabhāva-niyataṁ karma
kurvan nāpnoti kilbiṣam ||

48...

saha-jaṁ karma kaunteya
sa-doṣam api na tyajet |
sarvārambhā hi doṣeṇa
dhūmenāgnir ivāvṛtāḥ ||

45...

자신에게 주어진 의무에 헌신하는 사람은
완전한 성취를 얻는다.
자신이 속한 의무에 헌신하여
어떻게 완전한 성취를 얻는지 들어 보아라.

46...

모든 것이 나오는 근원이며,
모든 것에 머물고 있는 그 존재를
자신이 속한 의무로써 숭배하는 사람,
그런 사람은 완성에 이른다.

47...

자신의 의무가 아닌 다른 사람의 의무를 잘 하는 것보다
비록 부족하고, 비천한 일이라도
자신의 의무를 하는 것이 낫다.
본성에 따른 정해진 의무를 행하는 사람은
죄과를 얻지 않는다.

48...

자신의 부족함이 있다 하더라도
타고난 자신의 의무를 포기하지 말라.
타는 불이 연기로 덮여 있듯이,
인간의 모든 일들은 결함으로 덮여 있기 마련이다.
아르주나여,

49...

asakta-buddhiḥ sarvatra
jitātmā vigata-spṛhaḥ ।
naiṣkarmya-siddhiṁ paramāṁ
sannyāsenādhigacchati ॥

50...

siddhiṁ prāpto yathā brahma
tathāpnoti nibodha me ।
samāsenaiva kaunteya
niṣṭhā jñānasya yā parā ॥

51...

buddhyā viśuddhayā yukto
dhṛtyātmānaṁ niyamya ca ।
śabdādīn viṣayāṁs tyaktvā
rāga-dveṣau vyudasya ca ॥

49...

아무 대상에도 집착하지 않는 지혜를 지니고,
자아를 통제하고,
세속적인 어떠한 욕망도 사라진 사람은
포기를 통하여 가장 높은 무위無爲의 성취[5]에 이른다.

50... (50-53: 브라만에 이르는 길)

어떻게 지혜의 최고의 완성에 이를 수 있는지,
어떻게 최고의 경지 브라만에 이르는지를
간략히 설명하겠다.
아르주나여,

51...

미혹되지 않는 순수한 지혜를 지닌 사람,
확고함으로 자기를 제어하는 사람,
소리 등의 감각기관의 대상들을 떨쳐버린 사람,
좋아함과 싫어함을 떠난 사람,

5 '무위無爲'란 '행위가 없다'의 의미로 '무위'라는 가장 높은 완성상태는 결국 행위에 대한 어떠한 구속도 없는, 구속에서 완전히 벗어난 상태를 의미하며, 어떠한 욕망도, 결과에 대한 바람도 모두 버려졌음을 말한다.

52
vivikta-sevī laghv-āśī
yata-vāk-kāya-mānasaḥ ।
dhyāna-yoga-paro nityaṁ
vairāgyaṁ samupāśritaḥ ॥

53...
ahaṅkāraṁ balaṁ darpaṁ
kāmaṁ krodhaṁ parigraham ।
vimucya nirmamaḥ śānto
brahma-bhūyāya kalpate ॥

54...
brahma-bhūtaḥ prasannātmā
na śocati na kāṅkṣati ।
samaḥ sarveṣu bhūteṣu
mad-bhaktiṁ labhate parām ॥

55...
bhaktyāmām abhijānāti
yāvān yaś cāsmi tattvataḥ ।
tato māṁ tattvato jñātvā
viśate tad-anantaram ॥

52

한적한 곳에 머물고, 소식하는 사람,

말과 몸과 마음을 제어하는 사람,

언제나 명상의 요가 수행에 집중하는 사람,

언제나 욕망을 억제하며 한결같이 초연한 사람,

53...

자아의식과 폭력과 오만함을 놓아 버린 사람

탐욕과 분노와 소유욕을 놓아 버린 사람,

'나의 것'이라는 생각이 없는 사람,

항상 감정적 기복이 없이 평화로움을 간직한 사람,

그런 사람은 브라만과 하나가 되기에 적합하다.

54... (54-55: 브라만에게 최고의 헌신)

마침내 지고의 경지, 브라만과 하나되어

자아가 평온해진 사람은 슬퍼하지도 갈구하지도 않는다.

이들은 모든 존재들을 평등하게 여기며

나에 대한 최고의 헌신에 이른다.

55...

그와 같이 나에게 헌신함으로써

그는 내가 진실로 누구인지를 알고

내가 무엇인지를 알게 된다.

나를 진실로 알고, 즉시 나에게 들어온다.

56...

sarva-karmāṇy api sadā
kurvāṇo mad-vyapāśrayaḥ ।
mat-prasādād avāpnoti
śāśvataṁ padam avyayam ॥

57...

cetasā sarva-karmāṇi
mayi sannyasya mat-paraḥ ।
buddhi-yogam upāśritya
mac-cittaḥ satataṁ bhava ॥

58...

mac-cittaḥ sarva-durgāṇi
mat-prasādāt tariṣyasi ।
atha cet tvam ahaṅkārān
na śroṣyasi vinaṅkṣyasi ॥

59...

yad ahaṅkāram āśritya
na yotsya iti manyase ।
mithyaiṣa vyavasāyas te
prakṛtis tvāṁ niyokṣyati ॥

56...

그는 어떤 행위를 하든지
모든 행위를 나에게 바치는 제물이라 여기며
나를 의지처로 삼는다.
나의 은총으로 그는 영원불변의 곳에 이른다.

57...[6]

그대의 모든 행위를 나에게 제물로 바치고,
나를 지고의 목표로 삼고,
지혜의 수행을 의지하여
언제나 그대의 마음을 나에게 집중해라.

58...

그대가 오로지 나만을 생각하면,
그대는 나의 은총으로 모든 어려움을 극복할 것이다.
그러나 그대가 자아의식에 빠져[7]
나의 말에 귀 기울이지 않으면, 그대는 파멸에 이를 것이다.

59...

만약 그대가 '행위자'라는 자아의식에 빠져
"나는 싸우지 않겠다" 라고 생각한다 해도
그것은 헛된 결심일 뿐이다.
그대의 물질적 본성이 그대를 싸우도록 강요할 것이다.

6 57-66절 : 크리슈나는 아르주나에게 의무를 실천하여 신에 이르라고 말한다.

7 이는 자신이 '행위자'라는 생각에 빠져 있음이다.

60...

svabhāva-jena kaunteya
nibaddhaḥ svena karmaṇā ।
kartuṁ necchasi yan mohāt
kariṣyasy avaśo 'pi tat ॥

61...

īśvaraḥ sarva-bhūtānāṁ
hṛd-deśe 'rjuna tiṣṭhati ।
bhrāmayan sarva-bhūtāni
yantrārūḍhāni māyayā ॥

62...

tam eva śaraṇaṁ gaccha
sarva-bhāvena bhārata ।
tat-prasādāt parāṁ śāntiṁ
sthānaṁ prāpsyasi śāśvatam ॥

60...

미혹된 생각 때문에 할 일을 행하지 않으려 해도
자신의 의지와는 무관하게
어쩔 수 없이 행위하게 될 것이다.
그대는 자신의 타고난 본성적 행위에
구속되어 있기 때문이다.

61...

아르주나여,
모든 존재의 심장부에 머물고 있는 주재자,
모든 존재들이 기계 위에 있는 것처럼
그의 신비한 창조력으로
모든 존재를 움직이도록 한다.

62...

온 힘을 다하여 그에게 귀의하라.
오로지 그 안에 안식처를 구하여라.
그러면 그의 은총으로
그대는 지고의 평화와 영원한 안식처에 이르리라.
아르주나여,

63...

iti te jñānam ākhyātaṁ
guhyād guhyataraṁ mayā ।
vimṛśyaitad aśeṣeṇa
yathecchasi tathā kuru ॥

64...

sarva-guhyatamaṁ bhūyaḥ
śṛṇu me paramaṁ vacaḥ ।
iṣṭo 'si me dṛḍham iti
tato vakṣyāmi te hitam ॥

65...

man-manā bhava mad-bhakto
mad-yājī māṁ namaskuru ।
mām evaiṣyasi satyaṁ te
pratijāne priyo 'si me ॥

66...

sarva-dharmān parityajya
mām ekaṁ śaraṇaṁ vraja ।
ahaṁtvāṁ sarva-pāpebhyo
mokṣayiṣyāmi mā śucaḥ ॥

63...
이와 같이 나는 어떤 비밀보다도
더 비밀스러운 지혜를 그대에게 말해 주었다.
그것을 깊이 생각해보고
그대가 진정으로 바라는 대로 행하여라.

64...
그대는 내가 가장 사랑하는 존재이므로
나는 그대를 위해 유익한 말을 해주겠다.
모든 것 가운데 가장 비밀스러운
나의 최고의 가르침을 다시 한 번 전해 주련다.

65...
언제, 어디에서나 오직 나만을 생각하고 나를 신애하라.
나에게 제사지내라.
그대의 모든 행위가 나를 위한 제물이 되도록.
그리하면 그대는 나에게 이를 것이다.
그대는 나의 소중한 자이기에,
사랑하는 그대를 위한 진실한 약속이다.

66...
그대가 하고 있는 모든 행위를 떨쳐버리고
나만을 그대의 유일한 귀의처로 삼아라.
내가 그대를 모든 악惡에서 해방시켜 줄 것이니.
슬퍼하지 말라.

67...
idaṁ te nātapaskāya
nābhaktāya kadācana ।
na cāśuśrūṣave vācyaṁ
na ca māṁyo 'bhyasūyati ॥

68...
ya idaṁ paramaṁ guhyaṁ
mad-bhakteṣv abhidhāsyati ।
bhaktiṁ mayi parāṁ kṛtvā
mām evaiṣyaty asaṁśayaḥ ॥

69...
na ca tasmān manuṣyeṣu
kaścin me priya-kṛttamaḥ ।
bhavitāna ca me tasmād
anyaḥ priyataro bhuvi ॥

70...
adhyeṣyate ca ya imaṁ
dharmyaṁ saṁvādam āvayoḥ ।
jñāna-yajñena tenāham
iṣṭaḥ syām iti me matiḥ ॥

67...

그대는 이러한 최고의 가르침을
고행하지 않는 자에게,
나를 불신하여 나에게 헌신적이지 않은 자에게,
나를 신애하는 마음이 없는 자에게도,
들으려 하지 않거나, 나를 비방하는 자에게,
그런 사람에게는 절대로 말하지 마라.

68...

나를 지극히 신애하고,
나에게 헌신하는 자들에게
이러한 최고의 비밀을 전해주는 자는
어떠한 의심도 하지 않고 반드시 나에게 올 것이다.

69...

사람 중에서 그보다 더 나를 위해
사랑스러운 일을 하는 사람은 없으며,
이 세상에서 그보다 더 내가
사랑하는 사람은 없을 것이다.

70...

그리고 우리 둘 사이의 이 성스러운 대화에 대해
공부하는 사람은
지혜의 제사로 나에게
제사드렸다고 나는 생각한다.

71...

śraddhāvān anasūyaś ca
śṛṇuyād api yo naraḥ ।
so 'pi muktaḥ śubhāl lokān
prāpnuyāt puṇya-karmaṇām ॥

72...

kaccid etac chrutaṁ pārtha
tvayaikāgreṇa cetasā ।
kaccid ajñāna-sammohaḥ
praṇaṣṭas te dhanañjaya ॥

arjuna uvāca

73...

naṣṭo mohaḥ smṛtir labdhā
tvat-prasādān mayācyuta ।
sthito 'smi gata-sandehaḥ
kariṣye vacanaṁ tava ॥

71...
충만한 믿음으로
악의 없이 나의 말을 경청하는 사람
역시 악에서 해방되고,
의로운 사람들이 사는 아름다운 세계에 이를 것이다.

72...
아르주나여, 그대는 나의 가르침을
귀를 귀울여 들었는가?
무지에서 생겨난
그대의 망상이 소멸하였는가?

아르주나가 말했다.
73...
크리슈나여,
당신의 은총으로 망상은 소멸되었습니다.
당신의 은총으로 기억을 되찾았습니다.
의심은 사라졌고 저의 믿음이 확고해졌습니다.
당신의 말씀을 따르겠습니다.

sañjaya uvāca

74...

ity ahaṁ vāsudevasya
pārthasya ca mahātmanaḥ ।
saṁvādam imam aśrauṣam
adbhutaṁ roma-harṣaṇam ॥

75...

vyāsa-prasādāc chrutavān
etad guhyam ahaṁ param ।
yogaṁ yogeśvarāt kṛṣṇāt
sākṣāt kathayataḥ svayam ॥

76...

rājan saṁsmṛtya saṁsmṛtya
saṁvādam imam adbhutam ।
keśavārjunayoḥ puṇyaṁ
hṛṣyāmi ca muhur muhuḥ ॥

산자야가 말했다.

74...

이와 같이
저는 바수데바(크리슈나)와
고귀한 영혼을 지닌 아르주나 사이의
이 놀랍고도 감동적인 대화를 들었습니다.

75...

브야사[8]의 은총으로
저는 이 가장 높고 가장 비밀스러운 요가를
크리슈나의 입술로부터 직접 들었습니다.
요가의 신이신 그분 자신이 그렇게 말씀하셨습니다.

76...

오, 왕이시여! 케샤바(크리슈나)와 아르주나 사이의
이 경이롭고 신성한 대화를
기억할 때마다
저는 거듭거듭 기쁩니다.

8 브야사Vyasa : 『베다』와 『마하바라타』를 편찬한 것으로 전해지는 현자로, 크리슈나와 아르주나와의 대화인 『바가바드기타』를 브야사의 마부인 산자야에게 들려주고 크리슈나의 광채를 볼 수 있는 신비한 능력을 주었다고 한다.

77...

tac ca saṁsmṛtya saṁsmṛtya
rūpam aty-adbhutaṁ hareḥ ।
vismayo me mahān rājan
hṛṣyāmi ca punaḥ punaḥ ॥

78...

yatra yogeśvaraḥ kṛṣṇo
yatra pārtho dhanur-dharaḥ ।
tatra śrīr vijayo bhūtir
dhruvā nītir matir mama ॥

77...

그리고 오, 왕이시여!
하리(크리슈나)의 더없이 놀라운 모습을
회상할 때마다
저는 말할 수 없는 경이로움을 느끼며
다시 또다시 기뻐합니다.

78...

요가의 신이신 크리슈나께서 계시는 곳마다,
궁수인 파르타(아르주나)가 있는 곳마다,
그 곳에는
행운, 승리, 번영과 올바른 행위가 있음을
저는 확신합니다.

제18장 [해탈의 길]

『바가바드기타』 해제

이 해제에 사용된 참고문헌으로는
이태영 선생님의 『요가근본경전』, 라다 크리슈난(S.Radhakrishnan)의 *The Bhagavadgita*, 프라부파다(Swami Prabhupada), 쿠뿌스와미(A.Kuppuswami), 프라바바난다(Swami Prabhavananda)와 이셔우드(Christopher Isherwood)의 『바가바드기타』 등 입니다.

1) 『바가바드기타』는 어떤 책인가?

『바가바드기타』는 인도철학이 낳은 힌두교 경전으로 인도의 철학과 종교와 윤리에 대한 가장 위대한 가르침을 노래한 시집이다. '신' 또는 '거룩한 자'라는 의미인 '바가바드 Bhagavad'와 '노래'라는 의미의 '기타gītā'를 합친 용어로 '거룩한 분의 노래(Bhagavadgītā)'라는 뜻이다. 책의 구성은 18장章으로 나뉘어져 있으며 700구절(頌)의 아름다운 노래집이다.

『바가바드기타』의 저자가 누구인지는 정확하게 알 수는 없다. 『바가바드기타』의 원저자原著者는 『마하바라타』의 편찬자인 전설적인 성자 브야사Vyasa라고 추정되는 것이다. 『마하바라타』는 기원전 10세기경부터 전승되어오던 것들이 모아진 10만 구절(頌)의 거대한 노래집이다. 바로 『바가바드기타』의 내용 전부가 『마하바라타』의 23장부터 60장까지의 내용이다. 『바가바드기타』의 성립 연대에 대해서는 학자들마다 의견이 다르지만 기원전 5세기 무렵이라는 데에는 큰 무리가 없다.

『바가바드기타』의 내용은 인도에 오랫동안 전해져 오고 영향을 주었던 베다, 우파니샤드, 상키야철학, 요가사상 등이 조화롭게 종합되어 있다. 사실 『바가바드기타』에 이르러서 긴 세월을 두고 전해져 오던 인도의 다양한 영적, 정신적 전통을 종합화하게 된 셈이어서 서로 종파를 가리지 않고, 수많은 사람들에게 읽혀지며, 인도의 경전 중에서 최고의 자리에 있게 된 것이다. 『바가바드기타』는 어떤 특별한 사람들을 위해서 저술되었거나, 특별한 사람들만이 이해할 수 있는 작품이 아니라, 인도인을 포함한 수많은 사람들에게 가장 많은 영향을 주었고, 지금도 큰 영향을 주고 있는 보편성을 지닌 영적인 지침서이다.

현대에 들어 『바가바드기타』는 더 큰 의미로 부각된다. 마하트마 간디, 라다크리슈난, 시성 타고르 등 수많은 인도의 정신적, 영적인 지도자들에게 『바가바드기타』는 영감의 원천이 되었으며, 번역이나, 해설서를 남기지 않은 지도자가 없을 정도이다. 마하트마 간디는 『바가바드기타』를 '영성 사전'이라고 했을 만큼 삶의 문제를 항상 이 책에서 해답을 구했다고 한다.

2) 해탈에 이르는 세 가지의 길

『바가바드기타』에서는 해탈에 이르는 세 가지 요가의 길을 안내한다. 이는 곧 요가yoga에 의한 해탈이라 할 수 있으며, 『바가바드기타』에서의 '요가'가 의미하는 바는 진리를 추구하는 방식, 다시 말하면 도道 또는 길(mārga)을 뜻한다. 첫 번째의 길은 '지혜의 요가(갸나요가)'이며 두 번째의 길은 '행위의 요가(까르마요가)'이며, 세 번째의 길은 '헌신의 요가(박티요가)'이다.

① 지혜의 요가(jñāna yoga)

우주 만물의 근원인 신神, 물질과 정신, 진정한 나에 대한 통찰이다. 진정한 나란 몸, 자아의식, 마음, 지성을 초월한 존재임을 아는 것이다. 결국 이 육신의 주인으로 모든 것을 초월하고 영원불멸하는 순수정신이라고 자각하는 것이다. 이것이 참나이다. 인간은 무지無知로 인하여 물질적이고 현상적인 이 나를 참나로 착각하여 이 세상의 고뇌를 경험하고 그리고 윤회하는 것이다.

지혜를 통하여 참나를 자각하여 물질세계의 속박으로부터 벗어나 참나의 본성을 회복하는 것이다. 이와 같이 철학적 사색을 중심으로 하는 이 요가는 더 나아가 나의 참 본성과 궁극적 실재인 우주가 하나라고 하는 '범아일여梵我一如'의 경지로 인도한다. 지혜의 요가(갸나요가)가 인간이 궁극적 실재와 같기 때문에 완전하다는 것을 깨달아서 해탈에 이르도록 한다.

"아르주나여,
진리를 알면 더 이상 미혹되지 않을 것이다.
그러면 만물이 참나 안에 있음을 알게 될 것이며,
또한 참나 안에서, 또 나에게서 볼 것이다."(4.35)

"요가로 모든 행위를 포기하고,
지혜로 의혹을 잘라버리고,
늘 참나에 머무는 사람들은
어떤 행위를 하더라도
그의 행위에 구속되지 않는다. 아르주나여.(4.41)

"최고의 아트만에 대한 불멸의 지식,
궁극적인 목표인 '나'를 찾고자 하는 통찰력,
바로 이것을 '앎(知)'이라 일컬으며, 곧 지혜이다.
다른 것을 추구하는 것은 무지無知이다."(13.11)

② 까르마 요가(karma yoga)

인간이 행위하지 않는다는 것은 불가능한 일이다. 어떠한 행위는 다음 행위를 하도록 원인을 제공한다. 하물며 전생의 업業이 현생의 의무로 남아 있기 때문에 행위하지 않을 수 없다. 행위를 하면 그 행위는 업보를 남기므로 행위한다는 것은 곧 윤회한다는 것이다. 이 문제에 대한 해답으로 까르마 요가를 가르쳐준다.

자신의 임무를 충실히 행위하되, 결과에 대한 집착함이 없이 하는 행위는 행위의 결과로 남는 업보가 없기 때문이다. 결과에 대한 집착을 버리고 모든 행위를 제물을 바치듯이 함으로써 행위의 속박으로부터 자유로워진다. 결국 행위를 통해 행위의 속박에서 벗어날 수 있음을 알려준다. 행위의 결과에 대한 집착을 버리는 행위의 윤리적 실천을 중심으로 하는 이 수행을 까르마 요가라 한다.

"그대가 관여할 일은 오직 그대가 할 일을 하는 것이다.
행위의 결과는 그대가 관여할 일이 아니다.
행위의 결과를 동기로 삼지 말아야 하며,
결과를 목적으로 행위해서는 안 된다.
또한 행위하지 않으려고도 하지 말아야 한다."(2.47)

"아르주나여,
그대의 일을 하라.
어떠한 상황에서도 확고하고, 집착을 버리고
성공과 실패를 평등하게 여기며 행위하라.
이 평등한 마음을 요가라고 한다."(2.48)

"아르주나여,
그대가
무엇을 하든,
무엇을 먹든,
무엇을 제물로 바치든,
무엇을 베풀든,
무슨 고행을 하든,

그대의 모든 행위를
나를 위한 제물이라 여기고 하라."(9.27)

"그렇게 함으로써
그대는 행위의 속박에서 자유로워질 것이다.
그대의 마음이 결과에 집착하지 않는
포기의 요가로 제어되면,
그대는 완전한 자유에 이르며
나에게 오게 될 것이다."(9.28)

"나는 모든 존재들을 평등하게 여긴다.
나에게는 미워하는 사람도 없고 사랑하는 사람도 없다.
그러나 신애로 나를 숭배하는 사람은
내 안에 있으며, 나 또한 그들 안에 있다."(9.29)

③ 박티 요가(bhakti yoga)

우주 만물의 궁극적 실재인 신神에게 흔들림 없는 확고한 헌신(bhakti)으로 경배하고 신에게 자신을 완전히 바치게 되면, 결국 그의 안으로 들어갈 수 있다. 이는 곧 신 안에서 해탈의 영원한 삶을 누릴 수 있다는 신애信愛사상의 극치를 엿볼 수 있다. 마침내 궁극적 실재이며, 인간의 궁극적 근거인 신과의 합일(yoga)을 통하여 해탈의 경지에 이르게 되는 수행이다. 이 박티 요가는 인도인들의 대중적인 신앙의 형태로 발전하고, 세 가지 요가 가운데 가장 인기 있는 요가의 길이 되었다.

"그러나 위대한 자아를 지닌 자들은
내가 존재의 근원이며 불멸한다는 사실을 깨닫고
나의 신적인 본성에 의지하여
한결같은 마음으로 나를 신애信愛한다.
그들은 언제나 나를 찬양하면서,
확고하게 서원하며,
항상 자신을 다스리는데 노력하며,
흔들리지 않는 확고한 신애로 나를 경배하고,
자신을 완전히 나에게 바친다."(9.13-14)

"그대의 마음을 오로지 나에게 집중해라.
그대의 지성을 나에게만 전념시켜라.
그러면 그대는 틀림없이
내 안에서 나와 하나인 상태에 머물게 된다.
그렇게 되면 그대에게 의문의 여지가 없어진다."(12.8)

"그러나 나에 대한 한결같은 신애를 통해서만
이러한 모습의 나를 알 수 있으며,
나를 있는 그대로 깨달을 수 있으며,
진실로 나에게 들어와 하나될 수 있단다.
아르주나여."(11.54)

『바가바드기타』는 논리적인 일관성을 지닌 논서가 아니라, 현재까지 축적된 영속성 철학으로 영혼에 관한 가장 체계적이며 포괄적인 요약서이다. 그래서 인도인뿐만 아니라 모든 인간을 위한 영원 불멸의 가치를 부여하는 서사시로 인정받는다.

바가바드 기타 *Bhagavadgītā*

2024년 11월 20일 초판 1쇄 인쇄
2024년 11월 30일 초판 1쇄 발행

지은이 브야사
옮긴이 김정림
펴낸이 정창진
펴낸곳 여래
출판등록 제2022-000003호.
주소 서울시 종로구 인사동11길 16,403호(관훈동)
전화번호 (02)871-0213
전송 0504-170-3297

ISBN 979-11-90825-24-5 93270
Email yoerai@hanmail.net
blog naver.com / yoerai

값은 뒤표지에 있습니다.